JR路線大全 VII

北陸
・信越本線

キハE120形＋キハ110形
只見線　早戸～会津水沼間
写真／目黒義浩

JN082504

細々と分断された信越本線だが、直江津〜新潟間は、今も日本海縦貫線の一翼を担う。E653系

Contents

※本書の内容は2023年5月20日現在の内容を元に作成していま
※本書の内容等について、JR各社、関連会社、
　私鉄・民鉄各社等へのお問い合わせはご遠慮ください。

13 …… 北陸本線
14 …… 北陸本線

北陸本線の分割路線

24 …… IRいしかわ鉄道
26 …… あいの風とやま鉄道
29 …… えちごトキめき鉄道

31 …… 北陸本線の周辺路線
32 …… 湖西線
38 …… 小浜線
42 …… 越美北線
46 …… 七尾線
50 …… 城端線
54 …… 氷見線
58 …… 高山本線

67 …… 信越本線
68 …… 信越本線

信越本線の分割路線

78 …… しなの鉄道
81 …… えちごトキめき鉄道

JR路線大全

『JR路線大全』では、10冊に分けて全国のJR路線を紹介していきます。
第Ⅶ巻では、この路線図で赤く塗られている路線を取り上げています。

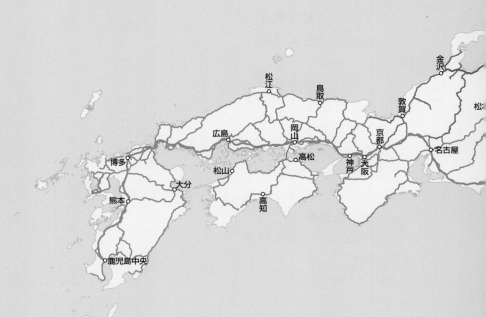

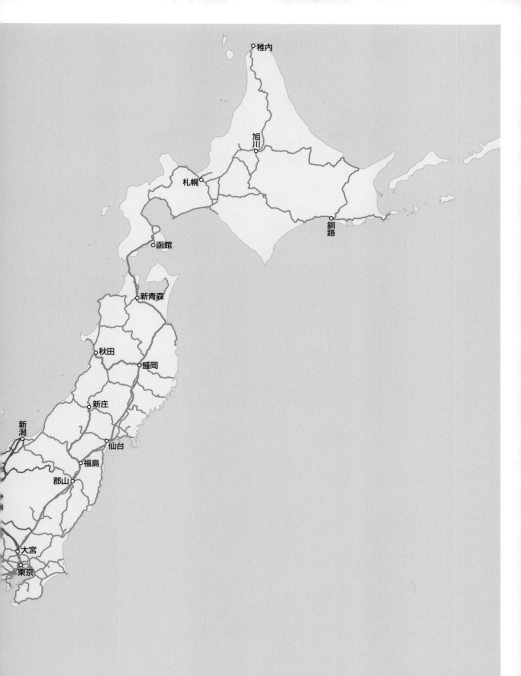

稚内

旭川

札幌

釧路

函館

新青森

秋田

盛岡

新庄

新潟

仙台

福島

郡山

大宮

東京

・本書は2023（令和5）年5月20日現在の内容を基に作成しています。
・開業年は、当該路線が一部でも開業した年です。
・全通年は、原則として表題の全区間が開通した年です。
・本書内で出てくる距離は営業キロです。

第 1 章

北 陸 本 線

米原～金沢 間

北陸本線　　米原〜金沢 間

北陸地方の発展を支え続けた重要路線

北陸本線は、もともと米原から直江津に至る353.9kmだった。大阪や京都と北陸地方を結び、"日本海縦貫線"の一部として旅客や貨物を運び、さらに東北地方や北海道を結んだ。北陸新幹線が金沢まで延伸開業した際に並行区間を分離し、敦賀延伸で更なる短縮が予定されている。

路線DATA

開業年	1882（明治15）年
全通年	1913（大正2）年
起終点	米原／金沢
営業距離	176.6km
駅数	43駅
電化/非電化	電化・直流1500V ／米原〜敦賀 交流20000V·60Hz ／敦賀〜金沢
所属会社	JR西日本

大阪と青森を結んだ寝台特急「日本海」。愛称通り、日本海縦貫線を貫き続けた列車だった。新疋田　写真／PIXTA

敦賀港と京阪神を結ぶため
明治政府が積極的に敷設

　北陸本線の最初の開業区間は、1882（明治15）年の長浜〜柳ケ瀬間および洞道口（廃止）〜敦賀〜金ケ崎（現・敦賀港）間である。既存の大津〜神戸間の鉄道と結んで本州を縦断するために建設され、2カ月後には長浜〜大津間を結ぶ鉄道連絡船が琵琶湖に就航した。

　柳ケ瀬以北の未通区間は1884（明治17）年に開通、1889（明治22）年には長浜〜大津間も鉄道で結ばれ、鉄道のみによる本州横断（神戸〜金ケ崎間）が可能になった。また、長浜〜大津間の開通によって東海道線も全通、北陸へ向かう鉄道の起点は、長浜から米原に移動している。この路線の早期開業は、明治政府にとって、江戸期の北前船の拠点だった敦賀と京阪神とを結ぶ物流ルート確保のための重要な施策だったのである。

　その後、敦賀から福井方面へ線路が延ばされ、1896（明治29）年に敦賀〜福井間が開通。この新線は当時「北陸線」と呼ばれ、1898（明治31）年には金沢、1899（明治32）年には富山に到達している。1902（明治35）年には米原〜金ケ崎間も北陸線となり、富山から先は「富山線」として建設が続けられた。

　富山〜直江津間の工事は直江津側からも行われ、1911（明治44）年には名立まで、1912（大正元）年の暮れには糸魚川までの区間が開通した。翌13年、青海〜糸魚川間の開通によって北陸本線はついに全通。東京から富山・金沢へ向かう列車

北陸本線側の伊吹山は、石灰石を採掘するため、山体が一部切り開かれている。長浜〜虎姫間　写真／PIXTA

は、米原を経由せず、長野・直江津経由で運行されるようになった。なお、「北陸本線」の名称は1909（明治42）年から使われている。

大規模な路線改良と電化・複線化
京阪神直結へ敦賀まで直流化も

　北陸地方一帯の工業化が進み、戦後の高度経済成長期には北陸本線の輸送量が著しく増加した。そのため、1957（昭和32）年から1969（昭和44）年にかけて、全線の電化・複線化が進められた。北陸本線は長距離輸送における交流電化の先駆けとなり、国鉄の施策に大きな変革をもたらした。1957年は、その最初の区間（田村〜敦賀間）が開業した年である。

　また、各所にあった急勾配・急曲線を

石動〜福岡間に完成した小矢部川橋梁。工事列車が渡る。
写真／『日本国有鉄道百年写真史』より

緩和する工事が、大規模に行われた。代表的な区間としては、滋賀・福井県境の「柳ケ瀬越え」（木ノ本〜敦賀間）、敦賀市北部の「杉津越え」（敦賀〜今庄間）、新潟県の頸城山塊北部（能生〜名立間）がある。敦賀〜南今庄間には在来線では最長

かつては米原、長浜で交流に切り替わっていた北陸本線だが、現在は敦賀まで直流に切り替えられ、223系の新快速が乗り入れている。　写真／PIXTA

敦賀への北陸新幹線の延伸工事は着々と進められている。開業後は敦賀〜金沢間が第三セクターに移管する予定だ。
写真／「旅と鉄道」編集部（2021年11月撮影）

となる北陸トンネル（全長13,870m）が設けられた。一連の改良工事は、1969年の浦本〜直江津間の新線切り替えによって完了している。

　こうして名実ともに第一級の幹線となった北陸本線は、1987（昭和62）年の国鉄分割民営化でJR西日本の路線となった。その後、沿線の地元自治体から京阪神と直結する新快速・快速電車の延伸要望が出されたことを受け、1991（平成3）年に米原から長浜、2006（平成18）年には敦賀まで、交流20000Vから直流1500V

に転換されている。

北陸新幹線の開業に伴い
並行在来線として路線を分割

　北陸本線は、信越本線、羽越本線、奥羽本線とともに"日本海縦貫線"の一部として鉄道輸送の重責を担い続けてきた。大阪と青森とを結ぶ昼行特急の「白鳥」、夜行特急の「日本海」をはじめ、大阪〜金沢・富山間の特急「雷鳥」と後継の「サンダーバード」、夜行急行の「きたぐに」などの長距離旅客列車は、北陸本線を走って大阪と北陸地方、さらに先の東北地方

683系の12両編成で走る「サンダーバード」。北陸新幹線敦賀延伸後は、北陸トンネルを含む区間も第三セクターに移管される。敦賀〜南今庄間　写真／佐々倉 実

を結んできた。1988(昭和63)年3月に青函トンネルが開通してからは、「日本海」が函館まで延長されたり、大阪〜札幌間の「トワイライトエクスプレス」が設定されたりして、華やかさを増した感がある。貨物列車も北海道まで乗り入れるようになり、運用も変わってきた。

　しかし、2015(平成27)年3月の北陸新幹線長野〜金沢間の開業に際しては、並行区間が第三セクターの新会社に引き継がれた。これにより、現在は金沢〜倶利伽羅間が「IRいしかわ鉄道」、倶利伽羅〜市振間が「あいの風とやま鉄道」、市振〜直江津間が「えちごトキめき鉄道日本海ひすいライン」の路線となっている。

　当時、大阪から青森まで"日本海縦貫線"

を定期的に走る唯一の列車だった「トワイライトエクスプレス」は同じ2015年3月ダイヤ改正で臨時列車としての運転を終了し、「サンダーバード」などの特急も、七尾線乗り入れ列車を除いて大阪〜金沢間の運転になった。一方で、第三セクターに移管されても貨物列車は走り続けていて、現在もEF510形に牽引されたコンテナ列車が北陸本線を走り抜けている。

　2023年度末には北陸新幹線が敦賀まで延伸予定である。北陸本線は金沢〜大聖寺間がIRいしかわ鉄道に、大聖寺〜敦賀間は福井県の新しい第三セクター会社、ハピラインふくいに継承される予定である。経営分離後の北陸本線は、米原〜敦賀間のわずか45.9kmとなる。

北陸本線

石川県と福井県の県境付近を行く683系「サンダーバード」。かつての特急街道も、北陸新幹線延伸後は特急が通らなくなる予定だ。大聖寺～牛ノ谷間
写真／PIXTA

通称 "鳩原ループ" を上り「トワイライトエクスプレス」と下り「サンダーバード」が上下に交差する。このような交差する光景も時折見られた。

急曲線・勾配の続く路線を
トンネルとループ線に付け替え

　琵琶湖北部の滋賀・福井県境、さらに敦賀から北の日本海沿岸は地形が非常に複雑で、明治後期に開業した北陸本線のルートには、各所に急な曲線・勾配区間が存在していた。当時の古いルートは1960年代の改良事業で見直され、大量・高速輸送に適した新しい路線に生まれ変わっている。

　木ノ本〜敦賀間は、かつては「柳ケ瀬越え」と呼ばれる急峻な峠道だった。鉄道でも峠の下を貫く柳ケ瀬トンネル（全長1,352m）は、敦賀側から見て25‰の上り勾配が続いていた。そのため蒸気機関車が立ち往生するなどのトラブルが多く、1928（昭和3）年12月6日には、トンネル内で立ち往生した上り貨物列車の蒸気機関車の乗務員と、滋賀県側から救援に向かった蒸気機関車の乗務員が窒息し、合

北陸本線（米原〜金沢間）

km	0.0	2.4	4.7	7.7	12.8	15.6	18.2	22.4	26.5	31.4	39.2	45.9	62.5	65.1	68.7	72.2	76.7	81.0	86.2	89.4	94.1	97.3
	米原 まいばら	坂田 さかた	田村 たむら	長浜 ながはま	虎姫 とらひめ	河毛 かわけ	高月 たかつき	木ノ本 きのもと	余呉 よご	近江塩津 おうみしおつ	新疋田 しんひきだ	敦賀 つるが	南今庄 みなみいまじょう	今庄 いまじょう	湯尾 ゆのお	南条 なんじょう	王子保 おうしお	武生 たけふ	鯖江 さばえ	北鯖江 きたさばえ	大土呂 おおどろ	越前花堂 えちぜんはなんどう

北陸本線の顔として、長年にわたり君臨した485系「雷鳥」。運転本数が多く、近畿圏と結びつきの強い北陸地方にとって、重要な列車であった。南今庄〜今庄間　写真／佐々倉 実

わせて3人（5人説も）が死亡する惨事も起きている。

　そこで、木ノ本〜敦賀間は1957（昭和32）年、電化の際に余呉トンネル・深坂トンネル経由の新ルートに切り替えられた。ただし、この新ルートでも近江塩津〜敦賀間の急勾配は避けられなかった。1963（昭和38）年の複線化の際、登り坂となる上り線については、ループ線（通称「鳩原ループ」）の採用による勾配緩和が図られ

ている。

　敦賀を発車した上り列車の車窓からは、進行方向右手にあったはずの敦賀湾が、ループ線の途中では左手に見下ろせる。意外性と海岸線の美しさから、北陸本線のハイライト車窓のひとつとなり、「鳩原ループ」の俯瞰は撮影名所としても知られている。

　なお、余呉・深坂トンネル経由の新線の開通後、柳ケ瀬トンネル経由の旧線は北

99.9	105.8	108.1	111.8	117.6	121.4	124.5	130.2	134.3	137.5	142.4	148.2	151.0	154.0	157.0	158.8	162.8	167.2	170.5	172.9	176.6
福井 ふくい	森田 もりた	春江 はるえ	丸岡 まるおか	芦原温泉 あわらおんせん	細呂木 ほそろぎ	牛ノ谷 うしのや	大聖寺 だいしょうじ	加賀温泉 かがおんせん	動橋 いぶりはし	粟津 あわづ	小松 こまつ	明峰 めいほう	能美根上 のみねあがり	小舞子 こまいこ	美川 みかわ	加賀笠間 かがかさま	松任 まっとう	野々市 ののいち	西金沢 にしかなざわ	金沢 かなざわ

陸本線から分離され、木ノ本〜中ノ郷〜敦賀間の「柳ケ瀬線」（7駅、26.1km）となった。短編成の気動車などで運行されたが、利用者は少なく、疋田〜敦賀間は「鳩原ループ」の新線と重複することから1963（昭和38）年に休止。さらに翌64年5月には全線が廃止され、国鉄バスに転換された。柳ケ瀬トンネルはその後、国鉄バス専用道を経て、現在は県道として利用されている。福井県側の旧刀根駅駅近くには、旧小刀根トンネルが残されている。

一方、敦賀〜今庄間も、かつては「杉津越え」と呼ばれる難所の峠道だった。福井県を嶺北・嶺南地方に分けるこの山域は険しく、建設時の明治の土木技術では長大トンネルを掘削することができず、線路は日本海側の山腹を巻くように、大きく迂回して敷かれていた。この区間の複線化・電化は長大トンネル1本の新設によって行われ、1962（昭和37）年に当時の日本最長となる北陸トンネルが開通した。旧線区間には複数のトンネルが地元の生活道路として残る。

日本で初めて長距離を交流電化
デッドセクションにはSLが残存

北陸本線の電化には、日本初の長距離にわたる交流方式が採用されたが、起点の米原駅構内が直流電化されていたため、北陸本線の線内に交流・直流の境界が設けられることになった。現在はデッドセクション（無電区間）を介した車上切り替え方式により、敦賀〜南今庄間で交直流の切り替えを行っている。使用電源は、交流区間が20000V／60Hz、直流区間が1500Vである。

1957（昭和32）年、最初の交流電化が行われたのは田村〜敦賀間で、米原駅構内の配線が複雑だったこともあり、当初米原〜田村間は非電化で残された。直流電気機関車の牽引で東海道本線をやってきた客車や貨車の列車は、米原で米原機関区のD50形・E10形などの蒸気機関車に引き継ぎ、田村でED70形など交流電気機関車への付け替えが行われた。

米原〜田村間は1962（昭和37）年に直流電化され、田村駅の南側にデッドセクションが設けられた。これにより交直両用車両による走行中の電源切り替えが初めて導入され、電気機関車による引き継ぎが可能になったが、これに使用するED30形は1両しか製造されなかったため、蒸気機関車牽引の列車も1968（昭和43）年まで残された。

その後、交直両用の電気機関車EF81形や、急行形471系・特急形485系電車などが多数投入され、田村での機関車付け替えの必要性は薄れていく。貨物列車を中心に残存した米原〜田村間の引き継ぎ牽引は蒸気機関車からディーゼル機関

日本最古の現存駅舎だった長浜駅の旧駅舎は、長浜鉄道スクエアとして保存されている。施設には日本初の量産電気機関車のED70形1号機も展示されている。

敦賀駅で出発を待つ521系。現在の交直流の切り替えは、敦賀駅から北3.9km地点、北陸トンネルの敦賀側坑口から200mの地点に移設された。そのため、米原以北に向かう列車は交直流の521系が使用されている。写真／岸本 亨

車へ移行したが、EF81形の台頭により交流電気機関車との付け替えは1983（昭和58）年に廃止された。これに前後して、北陸本線の交流区間専用機だったEF70形は、九州に転属したり、休車・廃車となったりした。

新快速の区間拡大のため
敦賀まで直流電化を拡大

その後、米原から長浜にかけての交流区間沿線の都市化が進むと、京阪神から米原まで直流電車で運行されていた快速・新快速の北陸本線への延伸・直通を望む声が高まっていく。JR西日本は1991（平成3）年にデッドセクションを長浜駅北側に移設し、直流区間を長浜まで延長。

2006（平成18）年には敦賀まで延長された。これにより東海道・北陸本線に加え、湖西線からの直流電車も敦賀まで直通できるようになった。

ただし、敦賀駅の直流列車用ホームが4両編成分の長さしか設けられなかったため、それまで8両編成（米原で12両編成を分割）で運行されていた長浜発着の新快速も、米原で4両編成に分割されるようになった。

なお、北陸新幹線が敦賀まで延伸した後も北陸本線として残る区間は、全線直流電化の路線となる。全国に先駆けて交流電化された歴史を知る人にとっては、あまりに意外な結末といえよう。

北陸本線の分割路線

IRいしかわ鉄道

北陸新幹線長野～金沢間の延伸開業に伴い、JR西日本から経営分離された北陸本線の石川県区間を承継したのがIRいしかわ鉄道である。現在は金沢～倶利伽羅間のわずか17.8kmだが、敦賀延伸後は金沢～大聖寺間も承継する予定である。

北陸新幹線の石川県内区間を継承したIRいしかわ鉄道。写真のように、あいの風とやま鉄道の521系も乗り入れてくる。津幡〜倶利伽羅間　写真／牧野和人

路線DATA

会社名	IRいしかわ鉄道
路線名	IRいしかわ鉄道線
三セク転換年	2015（平成27）年
起終点	金沢／倶利伽羅
営業距離	17.8km
駅数	5駅
電化/非電化	交流20000V・60Hz

**全列車があいの風とやま鉄道に直通
終点・倶利伽羅は源平の古戦場**

　IRいしかわ鉄道（以下IR）は2015（平成27）年の北陸新幹線金沢延伸に伴い、石川県を主体とする第三セクターの並行在来線として、県内の旧北陸本線金沢～倶利伽羅（くりから）間で開業した。現在は17.8kmの短い路線だが、2024年春予定の新幹線敦賀延伸と同時に、現北陸本線金沢～大聖寺間46.4kmの編入も決まっている。なお、倶利伽羅での折り返しはなく、全列車があいの風とやま鉄道に直通している。

　金沢はJR西日本との共同使用駅で、駅舎入口の駅名標示の左右には両社の社章が並ぶ。快速・普通列車は両社の521系で共通運用されているが、IR車両には水色を主体とした独自のカラーリングが施

水色できっちりと塗り分けられたデザインのIRいしかわ鉄道の521系。写真では赤色のアクセントカラーは全5種類（5色）ある。写真はあいの風とやま鉄道区間。写真／PIXTA

されている。全駅でICOCAなど交通系ICカードの利用が可能だ。

東金沢はJR貨物の金沢貨物ターミナルが隣接し、森本は新幹線の高架下に位置している。津幡は七尾線の分岐駅で、JRの特急「サンダーバード」と「能登かがり火」も上り1本ずつが停車。七尾線への521系100番代IR編成乗り入れも2021（令和3）年に始められている。津幡からはSL時代の難所で、1950年代に動輪5軸の大型タンク機E10形が補機として投入された「倶利伽羅越え」にかかる。急勾配区間のサミットにあたる終点・倶利伽羅は、あいの風とやま鉄道との境界駅で、駅の管理はIRが行っている。駅周辺は小さな集落が形成されているばかりで、乗車客は1日あたり百数十人に過ぎない。しか

し、1183（寿永2）年に源氏方の木曽義仲と平家方の平維盛の軍勢が戦った「倶利伽羅峠の戦い」の古戦場や、718（養老2）年の創建とされる真言宗の古刹・倶利伽羅不動寺が近く、土休日やイベント開催時には駅を訪れる歴史ファンでにぎわいをみせる。駅の階段や跨線橋には源氏・平家の紋所などのアートが施され、駅前には義仲が採った奇策「火牛の計」のモニュメントも置かれている。

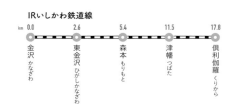

IRいしかわ鉄道線

km	0.0	2.6	5.4	11.5	17.8
	金沢 かなざわ	東金沢 ひがしかなざわ	森本 もりもと	津幡 つばた	倶利伽羅 くりから

北陸本線の分割路線　あいの風とやま鉄道

JR西日本から経営分離された北陸本線の富山県区間を承継したのがあいの風とやま鉄道である。倶利伽羅～市振間100.1kmを承継し、新駅も開設された。

雄大な立山連峰を背にした、あいの風とやま鉄道の観光列車「一万三千尺物語」。JR西日本から譲渡された413系を改造した車両で、車内で料理を楽しめる。東富山～水橋間　写真／PIXTA

路線DATA

会社名	あいの風とやま鉄道
路線名	あいの風とやま鉄道線
三セク転換年	2015（平成27）年
起終点	倶利伽羅／市振
営業距離	100.1km
駅数	23駅
電化/非電化	交流20000V・60Hz

**国鉄型413系3本がなお現役
「とやま絵巻」の定期列車も**

　あいの風とやま鉄道（以下、とやま鉄道）は2015（平成27）年の北陸新幹線金沢延伸に伴い、富山県主体の第三セクター並行在来線として、旧北陸本線倶利伽羅～市振間100.1kmで開業した。1898（明治31）年の金沢～高岡間を皮切りに1912（大正元）年には市振駅を含む区間が開業するなど、路線としての歴史はIRいしかわ鉄道と同じく100年以上に達している。

　自社主力の521系の側面には流れる風をイメージしたデザインが山側は緑色、海側は青色で描かれ、駅名標にも同様のデザインが施されている。そのほか国鉄

北陸本線から分割された路線の中で、最長距離のあいの風とやま鉄道。旅客列車は分断されたが、貨物輸送には欠かせない重要路線で、EF510形が牽引する貨物列車が多数運転されている。写真／PIXTA

型の413系3両編成3本を所有し、観光列車「一万三千尺物語」と「とやま絵巻」に、青一色の北陸地域色編成が快速・普通に用いられている。「一万三千尺物語」編成は「高低差4000mがテーマのダイニング列車」をうたい、土休日を中心に富山〜泊間往復で「富山湾鮨コース」、富山〜黒部〜高岡〜富山間で「越中懐石コース」を2時間あまりの間に提供している。「とやま絵巻」編成は不定期イベント列車のほか、朝夕のラッシュ時には定期列車としての運行もなされる。

とやま鉄道の実質的な起点である難読駅の石動は北陸新幹線との接続がなされなかったものの、小矢部市の代表駅として通勤・通学客の乗降が多い。1972（昭和47）年までは加越能鉄道加越線（石動〜庄川町間19.5km）との接続駅でもあった。高岡やぶなみは2018（平成30）年開業の

新駅。高岡は県内では富山市に次ぐ人口約16万の高岡市の代表駅で、北に氷見線、南に城端線を分岐。万葉線も2014（平成26）年に古城公園口（旧・北口）側の駅ビル「Curun TAKAOKA」1階へ乗り入れ、利便性が高まった。新幹線新高岡駅へは城端線で一駅、瑞龍寺口（旧・南口）前からの路線バスも運行されている。

越中大門から射水市域に入り、小杉は周辺に富山県立大学をはじめとして短大・専門学校・高校が立地し、学生・生徒の乗降が多い。富山市域に入った呉羽は旧呉羽町にあたり、呉羽紡績（現・東洋紡）や呉羽化学工業（現・クレハ）、大阪セメント（現・住友大阪セメント）の企業城下町として発展した。1984（昭和59）年の貨物取扱廃止以前は、貨物専用線も複数敷かれていた。

あいの風とやま鉄道線

km	0.0	6.8	14.0	17.5	20.2	22.8	26.5	30.2	36.8	41.6	45.6	48.2	53.1	58.6	62.1	67.1	73.4	77.4	81.6	85.5	90.7	95.4	100.1
	倶利伽羅 くりから	石動 いするぎ	福岡 ふくおか	西高岡 にしたかおか	高岡やぶなみ たかおかやぶなみ	高岡 たかおか	越中大門 えっちゅうだいもん	小杉 こすぎ	呉羽 くれは	富山 とやま	新富山口 しんとやまぐち	東富山 ひがしとやま	水橋 みずはし	滑川 なめりかわ	東滑川 ひがしなめりかわ	魚津 うおづ	黒部 くろべ	生地 いくじ	西入善 にしにゅうぜん	入善 にゅうぜん	泊 とまり	越中宮崎 えっちゅうみやざき	市振 いちぶり

立山連峰の景色が美しいあいの風とやま鉄道。521系の車体には社名の通り風が描かれ、両側面で色が異なる。入善〜泊間
写真／目黒義浩

あいの風とやま鉄道の越中宮崎停車は1往復のみでトキ鉄がほとんど

　とやま鉄道の一大拠点・富山駅は県庁所在地で人口約41万の富山市の代表駅。新幹線と高山本線が接続し、新幹線と在来線の高架下には富山地方鉄道の富山駅停留場が立地。路面電車の地鉄富山軌道線と富山港線（旧・富山ライトレール）が乗り入れ、地鉄本線の電鉄富山駅も別棟で隣接する。富山市は各鉄道・軌道線を軸とする公共交通機関の活性化策を含めた「スマートシティ推進基盤構築事業」を推進している。

　新富山口は2022（令和4）年開業の新駅で、JR貨物の富山貨物駅と富山機関区、あいの風とやま鉄道運転管理センターとJR西日本金沢総合車両所富山支所が隣接。さまざまな車両の姿が車窓からもよく眺められる。水橋周辺は近年、子育て世代に人気の住宅地として発展している。滑川（なめりかわ）は滑川市の代表駅で地鉄本線と接続。魚津は地鉄新魚津駅と改札外の地下歩道

で結ばれている。黒部は黒部市の代表駅で、1956（昭和31）年まで三日市（みっかいち）を称した。1969（昭和44）年まで電鉄桜井（現・電鉄黒部）との間に地鉄本線黒部支線1.1kmがあり、駅前に「旧黒部鉄道三日市駅」の記念駅名標が立つ。生地（いくじ）周辺は日本最大とされる黒部川扇状地にあたり、西入善と入善は入善町域になる。

　泊は朝日町の代表駅。とやま鉄道の実質的な終点で運転系統が分断され、金沢〜糸魚川間の普通1往復を除いたすべての列車の起終点となっている。2番のりばホームの入善寄りにとやま鉄道の521系、越中宮崎寄りにえちごトキめき鉄道日本海ひすいラインのET122形気動車が縦列停車する運用がなされ、乗り換えの利便性を高めている。このため、越中宮崎に停車するとやま鉄道の列車はET122形ばかりで実質上はトキ鉄の駅として機能しており、とやま鉄道社員の配置もない。越中宮崎〜市振間が県境で、以北は新潟県域となる。

北陸本線の分割路線　えちごトキめき鉄道

北陸新幹線長野～金沢間の開業に伴い、北陸本線と信越本線の新潟県区間を承継したのがえちごトキめき鉄道である。そのうち北陸本線区間59.3kmは日本海ひすいラインの路線名が付けられていて、ほぼ全列車が架線下気動車の単行運転となる。

分割された路線のうち、海沿いを走る区間が最も多いのがえちごトキめき鉄道日本海ひすいラインだ。JR西日本のキハ122形をベースにしたET122形気動車が架線下を走る。谷浜～有間川間　写真／目黒義浩

路線DATA

会社名	えちごトキめき鉄道
路線名	日本海ひすいライン
三セク転換年	2015（平成27）年
起終点	市振／直江津
営業距離	59.3km
駅数	13駅
電化/非電化	電化・交流20000V・60Hz／市振～えちご押上ひすい海岸　直流1500V／えちご押上ひすい海岸～直江津

ダイニング列車「雪月花」や455・413系「観光急行」運行

　えちごトキめき鉄道日本海ひすいラインは2015（平成27）年の北陸新幹線金沢延伸に伴い、新潟県主体の第三セクター並行在来線として旧北陸本線市振～直江津間59.3kmで開業した。この路線の一番の特徴は全線が電化されているにも関わらず、途中に交流・直流のデッドセクション（切り替え区間）があることから高価な交直両用電車を投入せず、ごく一部の列車を除いて「架線下気動車」で運行されていること。主力は地元・新潟トランシス製の両運転台ET122形で、一般用6両とイベント兼用のET-7「NIHONKAI STREAM」、ET-8「3 CITIES FLOWERS」1両ずつ。このほか、人気の観光ダイニング

えちごトキめき鉄道では、JR西日本から引退した413系＋455系を購入。国鉄急行色に塗り戻して「観光急行」として運転されている。写真／PIXTA

4本のトンネルがロックシェッドで一体化された計約6.7kmの暗闇が続く。青海には、かつて駅構内へ乗り入れていたデンカ（旧・電気化学工業）の石灰石輸送専用線が南側に離れて現存している。

　暴れ川と称されヒスイの原産地としても知られる姫川を渡り、地平の大糸線と高架の新幹線が合流すると糸魚川。南側のアルプス口駅舎1階には「糸魚川ジオステーション ジオパル」があり、1912（大正元）年築のれんが造り「糸魚川駅機関車庫1号」やキハ52形気動車、最寄りの東洋活性白土専用線で使われたSL2号機「くろひめ号」などが保存されている。えちご押上ひすい海岸は2021（令和3）年開業の新駅で、すぐ北側に交流20000V・60Hzと直流1500Vのデッドセクションが位置する。梶屋敷、浦本を経て2つのトンネルを過ぎると能生。続く頸城トンネル（11,353m）内に“モグラ駅”筒石のホームが千鳥状に配置され、地上の駅舎まで高低差約80mを300段近い階段でつないでいる。名立は頸城トンネルと名立トンネル（3,601m）に挟まれた高架駅。やはりトンネルの間に位置する有間川、谷浜を経て、トキ鉄妙高はねうまラインとJR信越本線に接続する終点・直江津に至る。ひすいラインのホームは、駅舎からやや離れた切り欠き式の1番線となる。

列車「えちごトキめきリゾート雪月花（せつげっか）」専用の1000番代2両も所有する。

　電車は自社所有の455・413系3両編成を用いて土休日に直江津〜市振間と糸魚川〜直江津間を運行する「国鉄形観光急行〜Series455 413〜」と、あいの風とやま鉄道の521系による金沢〜糸魚川間の普通1往復のみとなっている。

　市振から筒石までは糸魚川市域、名立から直江津までは上越市域にあたる。ほぼ全区間が北アルプス（飛騨山脈）の最北端が日本海に落ちる急峻な断崖と日本有数の地すべり地帯にあたるため、1960年代後半に大規模な線路の付け替えがなされた。起点の市振を出ると親不知（おやしらず）トンネル（全長4,536m）などを抜け、親不知に至る。子不知までは新子不知（3,708m）など

日本海ひすいライン

km	0.0	8.6	13.9	20.5	22.1	24.8	28.3	33.4	40.9	45.1	49.3	52.7	59.3
	市振 いちぶり	親不知 おやしらず	青海 おうみ	糸魚川 いといがわ	えちご押上ひすい海岸 えちごおしあげひすいかいがん	梶屋敷 かじやしき	浦本 うらもと	能生 のう	筒石 つついし	名立 なだち	有間川 ありまがわ	谷浜 たにはま	直江津 なおえつ

北 陸 本 線
の 周 辺 路 線

VII

JR路線大全

湖西線

琵琶湖に沿ったカーブを走る221系の普通列車。奥の湖面には白鬚神社の鳥居が立っている。北小松～近江高島間
写真／佐々倉 実

京阪神と北陸を短絡するバイパス線、実は屈指の絶景路線

湖西線の車窓からは、琵琶湖の向こうに伊吹山などの連なる山々が望める。湖西線の車窓は四季折々美しい。近江今津〜近江中庄間　写真／佐々倉 実

路線DATA

開業年	1974（昭和49）年
全通年	1974（昭和49）年
起終点	山科／近江塩津
営業距離	74.1km
駅数	21駅
電化／非電化：電化・直流1500V	
所属会社	JR西日本

琵琶湖西岸に敷設された
先進的なローカル私鉄

　東海道本線の山科を起点とし、北陸本線の近江塩津に至る路線が湖西線である。路線名が示す通り、琵琶湖の西岸をほぼ南北に貫き、山科〜近江塩津間を東海道・北陸本線経由に比べて、約20kmもショートカットしている。1974（昭和49）

年の開業以来、京阪神と北陸地方とを結ぶ優等列車の運行経路となってきたことから、いわゆる“日本海縦貫線”の一部と見なされている。

　琵琶湖はもともと水運の発達した湖であり、現在の東海道本線も全通までは長浜〜大津間を航路で結ぶなど、明治以降も長らく湖上輸送が中心であった。京阪神と北陸方面との輸送も水運が中心で、湖西路は陸上の最短経路でありながら、長らく鉄道が建設されずにいた。

　しかし、大正時代に入ると1920（大正9）年に江若鉄道が設立され、湖西地区（琵琶湖の西岸）を縦断する鉄道建設が進められた。最初の開業区間である三井寺〜

叡山（現・比叡山坂本付近）間が開通した
のは1921（大正10）年。1年半後には堅田
まで延伸され、1931（昭和6）年には浜大
津〜近江今津間約51kmが全通した。長ら
く湖上輸送が中心だった湖西地区に、初
めて鉄道が開通した。

　江若鉄道は全線が非電化のローカル地
方私鉄だったが、早くからガソリンカー
を導入するなど先進的な経営で知られた。
浜大津では東海道本線の貨物支線と連絡
し、国鉄線からお召列車が乗り入れたこ
ともある。

　社名が示すように、近江国（現・滋賀
県）と若狭国（現・福井県西部の若狭地方）
を結ぶことを目的に設立され、最終的に
は小浜までの延伸を目指していた。1922
（大正11）年に公布された改正鉄道敷設法
には、大津から今津（現・近江今津）を経て
小浜方面への予定線が盛り込まれて、江
若鉄道の国有化も期待された。しかし国
有化は実現せず、近江今津以北への延伸
もかなわないまま、1961（昭和36）年に京
阪電気鉄道の傘下となった。

既存の私鉄を廃止にして
高規格路線を建設

　京阪電鉄の傘下になった1961（昭和
36）年、鉄道敷設法に現在の湖西線北部に
あたる、今津〜塩津（現・近江塩津）間の
予定線が追加された。これは戦後の輸送

量増大に伴い、北陸本線からの列車が乗
り入れる東海道本線の米原以西で、線路
容量が限界近くに達していたためである。
湖西路の鉄道は、若狭地方への路線から、
東海道本線と北陸本線とを結ぶバイパス
路線へと目的を変えつつあった。

　1964（昭和39）年、鉄道建設審議会が大
津（のち山科）〜近江塩津間の路線の早期
着工を答申。1967（昭和42）年に日本鉄道
建設公団（現、鉄道建設・運輸施設整備支
援機構）によって湖西線の建設が始まっ
た。このとき、江若鉄道は廃止される代

湖西線

km	0.0	5.4	8.5	11.1	14.5	17.7	19.8	22.5	24.9	27.3	30.0	32.2	34.5	40.9	45.0	48.3	53.2	58.0	61.2	68.3	74.1
	山科 やましな	大津京 おおつきょう	唐崎 からさき	比叡山坂本 ひえいざんさかもと	おごと温泉 おごとおんせん	堅田 かたた	小野 おの	和邇 わに	蓬莱 ほうらい	志賀 しが	比良 ひら	近江舞子 おうみまいこ	北小松 きたこまつ	近江高島 おうみたかしま	安曇川 あどがわ	新旭 しんあさひ	近江今津 おうみいまづ	近江中庄 おうみなかしょう	マキノ まきの	永原 ながはら	近江塩津 おうみしおつ

湖西線は、北陸本線よりも距離が短いだけでなく、高規格路線で建設されたため速度を出せるので、開業翌年には優等列車の大半が湖西線経由に変更された。写真／PIXTA

わりに、廃線跡を公団が買収、湖西線の建設用地として転用されることとなり、江若鉄道は1969（昭和44）年に廃止された。新設駅も江若鉄道時代の駅をできる限り踏襲する形で開設された。

こうして1974（昭和49）年に湖西線は開業。翌年には優等列車の大半が湖西線経由に切り替えられ、京阪神と北陸地方を結ぶ"日本海縦貫線"の一翼を担う高規格のバイパス線として運用された。

滋賀県は湖西線の完成以降、「琵琶湖環状線構想」として、交流電化の湖西線永原〜近江塩津間、東海道本線の米原〜近江塩津間を直流化し、直流電車が琵琶湖を一周する鉄道網の形成を要望してきた。こちらは1991（平成3）年に米原〜長浜間、2006（平成18）年には永原〜近江塩津間・長浜〜近江塩津〜敦賀間の直流化がなされ、実現を果たした。

なお、江若鉄道の当初の目的だった湖西地区から若狭方面へは、国鉄が湖西線に接続するバス路線を近江今津〜上中〜小浜間に運行していた。この路線は現在

も西日本JRバスにより「若江線」として運行されている。

特急「サンダーバード」や新快速が130km/hで快走

湖西線の最大の特徴は、当初から全線複線電化、かつ踏切のない高規格路線として建設されたことにある。そのため各種の高速試験運転に利用されたほか、国鉄分割民営化後の1989（平成元）年には、それまで最高速度が120km/hに抑えられていた485系で130km/h運転を開始している。これは湖西線内に踏切がないことから、制動（ブレーキ有効）距離を延長することで認可された特例であった。

現在の湖西線は、特急列車では大阪〜金沢間を結ぶ特急「サンダーバード」が、最高速度130km/hで運行されている。湖西線の全駅を通過する列車も少なくないが、一部は堅田と近江今津に停車する。かつては寝台特急「日本海」や「トワイライトエクスプレス」などの夜行列車も運行されていたが、すべて廃止されてしまった。なお、寝台急行「きたぐに」だけは、最後まで湖西線を経由せず大津、米原経由で運行されていた。

特急以外では、新快速が1日に10往復程度乗り入れている。新快速は長らく近江今津（一部は永原）止まりだったが、2006（平成18）年に湖西線永原〜近江塩津間と北陸本線長浜〜敦賀間が交流電化から直流電化に転換され、近江塩津、敦賀まで乗り入れるようになった。新快速は近江舞子以北では各駅に停まり、近江今津で増解結作業を行っている。

なお、北陸新幹線の敦賀以南のルート

湖西線は、琵琶湖、伊吹山、歴史などと観光要素に恵まれた絶景路線である。志賀〜蓬莱間　写真／牧野和人

が小浜・京都ルートに決定した。状況によっては湖西線が並行在来線化される可能性がある。

琵琶湖や伊吹山を望む車窓
冬季は京阪神を忘れる雪景色

　湖西線はいわゆる観光路線ではないので話題になる機会は少ないが、実は、関西地方でも屈指の絶景路線である。車窓から琵琶湖がほとんど望めない東海道本線や北陸本線に比べ、湖西線は大半が高架線であるため展望がよく、広大な湖面が一望できる。天気がよければ、伊吹山を中心とする対岸、湖北の山並みも望めるだろう。下り列車なら、北上するにつれ湖面が広がっていく様子も実感できる。

　また沿線は、近畿地方では比較的積雪の多い"雪国"でもある。沿線南部で雪が積もることは少ないが、北小松〜近江高島間の琵琶湖畔にせり出している比良山地の東端をトンネルで抜けると、一気に雪景色となることも珍しくない。冠雪した伊吹山や竹生島を望む琵琶湖の車窓は、水墨画のような美しさを見せてくれる。

　そして、琵琶湖とは反対側、比叡山から比良山へと連なる山並みの美しさも、見逃してはならないだろう。標高1,200m前後の峰々ながら、海抜100mに満たない湖西線の車窓から見上げると思いのほか高く感じられ、特に冠雪した冬が美しい。びわ湖バレイや箱館山などにはスキー場もあり、京阪神から新快速で1時間前後の距離にあるとは思えない、雪国らしい風情が漂う。路線自体は高架区間の多い高規格路線ながら、北日本の雪深いローカル線を思わせるような車窓が楽しめるのは、湖西線の隠れた魅力といえよう。

小浜線

入り組んだ地形の若狭湾を背にした小浜線のクモハ125形。小浜駅の辺りは特に入り組んだ地形になっている。小浜～勢浜間
写真／佐々倉 実

若狭湾沿いの風光明媚な連絡路線

若狭本郷を発車したクモハ125形。背後に見える屋根が特徴的な若狭本郷駅舎は、国際花と緑の博覧会に展示された「風車の駅」を移築したもの。写真／PIXTA

路線DATA

開業年	1917（大正6）年
全通年	1922（大正11）年
起終点	敦賀／東舞鶴
営業距離	84.3km
駅数	24駅
電化/非電化	電化・直流1500V
所属会社	JR西日本

北陸と山陰を結ぶ短絡ルート
電化後は125系が担う

　小浜線は、敦賀と東舞鶴とを若狭湾に沿って結ぶ84.3kmの路線で、北陸と山陰を京都を経ずに結ぶバイパス的な役割を担う路線として敷設された。1895（明治28）年に鉄道敷設法が改正され、北陸と山陰を短絡する予定線として「敦鶴線」の名で加えられた。1917（大正6）年に、小浜線の名称で敦賀〜十村間が開業。翌18年に路線名でもある小浜、1921（大正10）年に若狭高浜、1922（大正11）年に新舞鶴（現・東舞鶴）まで延伸して全通。北陸本線と舞鶴線がつながった。

　長いこと非電化だったが、2003（平成15）年3月15日に全線が直流電化され、小浜線電化用に新製投入された125系と、専

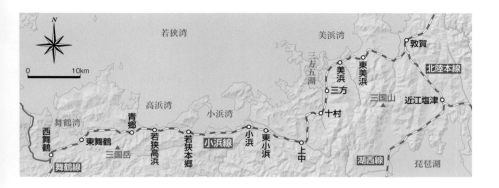

用塗色をまとった113系で運転を開始。舞鶴線との直通運転も再開された（113系は2006年まで。2009〜10年には521系も充当）。現在は全列車が125系で運転され、全線の直通運転を基本に、小浜を発着駅として両側との区間列車が設定されている。また、下り初電と上り終電は舞鶴線の西舞鶴を発着駅とする。

短絡ルートを生かして
気動車急行を運転

1961（昭和36）年に、小浜線初の優等列車として準急「わかさ」が金沢〜西舞鶴間に設定され、キハ20形で運転された。1963（昭和38）年にキハ55系に置き換えられ、東舞鶴・西舞鶴〜福井間の2往復運転に変更された。翌64年には金沢〜出雲市間にキハ58系の急行「あさしお」が登場。1966（昭和41）年には名古屋〜出雲市間の急行「大社（たいしゃ）」が設定され、敦賀以西では「あさしお」と併結された。

両列車は1968（昭和43）年に「大社」に統一され、運転区間も名古屋・金沢〜出雲市・大社間となり、敦賀で名古屋と金沢の発着列車の分割併合が行われた。長距離利用よりも区間利用が多く、1982（昭和57）年11月で福井〜天橋立間の急行「はしだて」に改称されて消滅した。

その後も急行「わかさ」がキハ58系で運転が続けられたが、電化を前にした1999（平成11）年10月に快速へ格下げされて廃止となった。

なお、臨時列車では、夏季に急行「エメラルド」が名古屋〜東舞鶴間などで運転された。電化後の優等列車はないが、京都〜東舞鶴間の特急「まいづる」が小浜まで乗り入れたことがある。

越美北線

越美北線の車窓のハイライト、九頭竜川を渡るキハ120形。険しい地形に切り開かれた路線である。
勝原〜柿ヶ島間
写真／牧野和人

福井と岐阜を結ぶ計画は果たせず

勝原を出発したキハ120形。線路わきの勝原花桃公園では、ハナモモが満開に咲き誇っている。写真／PIXTA

路線DATA

開業年	1960（昭和35）年
全通年	1972（昭和47）年
起終点	越前花堂／九頭竜湖
営業距離	52.5km
駅数	22駅
電化/非電化	非電化
所属会社	JR西日本

美濃白鳥へのバスは失われたが
一乗谷遺跡や越前大野城が人気に

　越美北線の線名は越前（福井県北部）と美濃（岐阜県南部）を結ぶ予定だったことが由来で、県境の油坂峠（標高780m）を挟んで南側は越美南線（現・長良川鉄道）として開業している。油坂峠は福井側が高く岐阜側が低い急峻な片峠で難工事が予想され、間の「越美中線」は着工すら果たされなかった。

　越美北線は1960（昭和35）年に勝原まで開業し、1972（昭和47）年には九頭竜湖へ延伸された。1995（平成7）年には観光客の入り込みを期待し、九頭竜線の愛称が付けられた。現在は普通列車のみが、基本的にキハ120形気動車の単行で運行。全列車が起点の越前花堂から北陸本線に

越美北線は、「一乗谷朝倉氏遺跡」の脇を通り抜ける。写真は2022年10月に登場した「戦国」ラッピング列車。一乗谷～越前高田間　写真／PIXTA

乗り入れ、福井を起終点としている。なお、美山と越前大野を除くすべての駅は1面1線で、列車の行き違いはできない。

越前花堂の越美北線ホームは北陸本線ホームの東側に離れて設けられており、乗り換えには北陸新幹線高架下の通路を行き来する。線路は九頭竜川の支流・足羽川沿いをさかのぼる。一乗谷は戦国大名・朝倉氏の拠点だった国特別史跡「一乗谷朝倉氏遺跡」の最寄りで、復元された町並みを訪れる観光客の乗降も増えている。

越前大野は大野藩土井氏4万石の城下町で「越前の小京都」と称され、藩庁だった雲海に浮かぶ越前大野城（亀山城）の復興天守は「天空の城」のひとつとして人気が高まっている。1974（昭和49）年まで、近くに京福電気鉄道（現・えちぜん鉄

道）越前本線の京福大野駅があった。下唯野～柿ケ島間で九頭竜川本流を渡り、開業時の終点だった勝原に至る。線路わきの勝原花桃公園には約150本のハナモモが植樹され、例年4月下旬にピンクや白色の花を咲かせる。

勝原以東は日本鉄道建設公団（現、鉄道建設・運輸施設整備支援機構）建設の新線らしく、トンネルを多用した直線的な線形で造られている。九頭竜湖は隣接する道の駅「九頭竜」の指定管理者・福井和泉リゾートによる簡易委託駅で、ログハウス風の駅舎が建つ。九頭竜湖は1968（昭和43）年に完成した九頭竜ダムの人造湖。堤体は岩石を積み上げた「ロックフィルダム」で、高さ128m・長さ355mの巨大なものだ。ただし駅とダムは6kmほど離れ、公共交通機関はない。九頭竜湖駅と美濃白鳥駅を結んだJRバスも2002（平成14）年までに廃止された。

越美北線

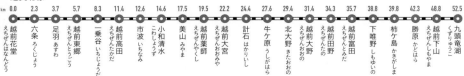

km	0.0	2.3	3.7	5.7	8.3	11.4	12.6	14.6	17.5	19.5	22.2	24.4	27.6	29.4	31.4	34.3	35.7	38.8	39.8	42.3	48.8	52.5
	越前花堂 えちぜんはなんどう	六条 ろくじょう	足羽 あすわ	越前東郷 えちぜんとうごう	一乗谷 いちじょうだに	越前高田 えちぜんたかだ	市波 いちなみ	小和清水 こわしょうず	美山 みやま	越前薬師 えちぜんやくし	越前大宮 えちぜんおおみや	計石 はかりいし	牛ケ原 うしがはら	北大野 きたおおの	越前大野 えちぜんおおの	越前田野 えちぜんたの	越前富田 えちぜんとみた	下唯野 しもゆいの	柿ケ島 かきがしま	勝原 かどはら	越前下山 えちぜんしもやま	九頭竜湖 くずりゅうこ

七尾線

沿線に観光地を擁する七
尾線には、金沢〜和倉温
泉間の「能登かがり火」の
ほか、「サンダーバード」の
一部が乗り入れる。良川〜
能登二宮間 写真／牧野和人

和倉温泉や奥能登などの観光輸送を担う

のどかな里山の中を、能登や金沢の風物を楽しめる観光特急「花嫁のれん」が行く。写真／PIXTA

全線電化されているが
普通列車は七尾までを電車で運行

　七尾線は現在、津幡〜和倉温泉間59.5kmの路線だが、周辺の第三セクター路線や廃線などを含め、その履歴と現状には複雑なものがある。

　最初の開業は1898（明治31）年、津幡仮停車場（現・本津幡付近）〜七尾〜矢田新（のち七尾港、廃止）間で、七尾〜矢田新間は当初、貨物線だった。2年後に津幡まで延伸されて官設鉄道（現・IRいしかわ鉄道）と接続し、仮停車場は廃止されている。1907（明治40）年に国有化され、2年後に七尾線の名称が定められた。

　1925（大正14）年に七尾駅が現在地に移転のうえ、和倉（現・和倉温泉）まで延伸され、現在の路線と一致する形になった。その後、七尾線は能登中島、穴水へと延伸を続け、1935（昭和10）年7月30日、輪島までの"全線開業"を果たした。一方、国鉄は1959〜64（昭和34〜39）年、穴水から北東へ分岐して珠洲・蛸島に至る能登線を開通させている。

　ところが、国鉄分割民営化を経て七尾線・能登線がJR西日本に継承されたのちの1988（昭和63）年、能登線は第三セクター・のと鉄道能登線として移管。さらに1991（平成3）年9月1日には七尾線の和倉温泉〜輪島間が、のと鉄道七尾線として分離された。

　七尾以北については、のと鉄道が第二種鉄道事業者（JR西日本から線路を借り

宇野気で「能登かがり火」と行き違いをする金沢行き普通列車。現在、七尾線の普通列車は赤色の帯の521系で運転されている。　写真／PIXTA

て運行）となるなどの方策が採られ、同時に津幡〜和倉温泉間が、津幡駅北側にデッドセクションを設けて直流1500Vで電化された。結局、2001（平成13）年に、のと鉄道は穴水〜輪島間を廃止。七尾線自体は現在の姿になった。

2015（平成27）年の北陸新幹線開業に伴い、北陸本線金沢〜倶利伽羅間はIRいしかわ鉄道に移管され、七尾線は他のJR線と接続を持たなくなり、津幡駅はIRいしかわ鉄道の管理駅となった。

和倉温泉や奥能登などの観光地を控える七尾線には、特急列車が681・683系による金沢〜和倉温泉間の「能登かがり火」、大阪〜和倉温泉間の「サンダーバード」、さらにキハ48形改造の観光列車・特急「花嫁のれん」が週末を中心に2往復運行されている。

普通列車はIRいしかわ鉄道に乗り入れて、金沢〜津幡〜七尾間（一部、区間運行）をJR西日本とIRいしかわ鉄道の521系で運行する。七尾〜和倉温泉間は電化されているが、穴水へ直通するのと鉄道の気動車で運行されている。

路線DATA

開業年	1898（明治31）年
全通年	1935（昭和10）年※
起終点	津幡／和倉温泉
営業距離	59.5km
駅数	20駅
電化/非電化	電化・直流1500V
所属会社	JR西日本

※輪島まで

七尾線

km	0.0	1.8	2.9	5.1	8.8	11.8	14.4	17.8	20.9	24.2	26.7	29.7	33.8	37.5	41.1	43.9	46.1	48.9	54.4	59.5
	津幡 つばた	中津幡 なかつばた	本津幡 ほんつばた	能瀬 のせ	宇野気 うのけ	横山 よこやま	高松 たかまつ	免田 めんでん	宝達 ほうだつ	敷浪 しきなみ	南羽咋 みなみはくい	羽咋 はくい	千路 ちじ	金丸 かねまる	能登部 のとべ	良川 よしかわ	能登二宮 のとにのみや	徳田 とくだ	七尾 ななお	和倉温泉 わくらおんせん

城端線

世界文化遺産の白川郷・
五箇山へと続く山々を背に、
砺波平野をキハ40系が行
く。城端〜越中山田間
写真／PIXTA

明治の木造駅舎3棟が現役で供用

沿線の砺波市はチューリップの産地で、春になると所どころで色とりどりのチューリップが車窓をにぎわす。油田〜砺波間
写真／佐々倉 実

世界遺産「白川郷・五箇山」への
アクセス担う「ハットリくん列車」

　城端線は私鉄の中越鉄道として1897（明治30）年に開業した。のちの北陸本線にあたる官設鉄道北陸線金沢〜高岡間の開業は翌1898年だったため、城端線が"富山県内初の鉄道"と位置付けられている。

　城端線は南へ向かう線形だが、列車は基本、高岡駅北端の1・2番のりばに発着する。線路は国宝・瑞龍寺の境内をかすめるようにして進み、北陸新幹線駅舎西側の地平に1面1線のホームが設けられた新高岡に着く。二塚からは中越パルプ工業の専用線が分岐していたが、2017（平成

29）年に貨物列車とともに廃止された。戸出の駅舎は開業前年の1896（明治29）年築とみられる。砺波はチューリップの生産で知られる砺波市の代表駅。福野は合併で南砺市になった旧福野町の中心街に近く、1972（昭和47）年まで加越能鉄道加越線が接続していた。駅舎も開業以来のものとされる。福光は南砺市の代表駅だが、市役所がある中心市街地は小矢部川の対岸に広がっている。

　終点の城端駅舎も戸出と福野と同じく明治の木造平屋建てで、レトロな味わいから2013（平成25）年冬の「青春18きっぷ」ポスターに用いられた。構内には県

2015年から観光列車「ベル・モンターニュ・エ・メール」（愛称・べるもんた）が運行されている。2022年12月からは、毎週土曜日が運転日となっている。戸出〜油田間　写真／PIXTA

内で唯一、SL用の転車台も現存する。砺波平野の南端にあたる城端は世界文化遺産「白川郷・五箇山の合掌造り集落」の玄関口にあたり、山間部産の生糸や炭と平野部産のコメの交易拠点として栄えた。城端駅前は加越能バスの「世界遺産バス」11往復中6往復（土休日9往復、他は高岡発着）の起終点で、城端線もアクセスの一端を担っている。城端の街自体も“富山の小京都”と呼ばれる落ち着いたたたずまいが人気で、特に5月の「城端曳山祭」と9月の「城端むぎや祭」の際は、城端線も大勢の観光客でにぎわいをみせる。むぎや祭では駅前に特設舞台が設けられ、「街並み踊り」や「こきりこ節」が披露される。
　現在の城端線と、車両が共通運用の氷見線のシンボルといえる存在が「忍者ハットリくん列車」で、氷見市で生まれ高岡市で育った漫画家・藤子不二雄Ⓐ氏の同名漫画のキャラクターが車体に描かれたキハ40形気動車は、世代を超えた人気を集める。2012〜17（平成24〜29）年度には、沿線自治体のキャラクターなどをモチーフにした「あみたん」（高岡市）、

「チューリップ」（砺波市）、「NANTO君」（南砺市）、「キット君」（氷見市）の各列車も運転されていた。両線では2015（平成27）年から、「ぷち富山湾鮨セット」などを提供する観光臨時快速「ベル・モンターニュ・エ・メール」（愛称・べるもんた）も運行され、城端線では2023（令和5）年3月から2024年2月は土曜日に運転日が設定されている。

路線DATA

開業年	1897（明治30）年
全通年	1898（明治31）年
起終点	高岡／城端
営業距離	29.9km
駅数	14駅
電化/非電化	非電化
所属会社	JR西日本

城端線
km 0.0 1.8 3.3 4.6 7.3 10.7 13.3 15.5 17.0 19.4 22.0 24.7 27.5 29.9
高岡 新高岡 二塚 林 戸出 油田 砺波 東野尻 高儀 福野 東石黒 福光 越中山田 城端

氷見線

氷見線は海沿いの絶景路
線。立山連峰を遠景に、
雨晴海岸に沿ってキハ40
形が行く。越中国分〜雨
晴間　写真／牧野和人

立山の絶景や寒ブリが人気の観光路線

氷見線は、雨晴海岸を象徴する女岩（めいわ）のすぐ近くを走る。日曜日に氷見線を走る「ベル・モンターニュ・エ・メール」（愛称：べるもんた）では、海側を向いた席も用意されている。越中国分〜雨晴間　写真／目黒義浩

実現しなかった能登半島横断
七尾線羽咋までの延伸計画

　高岡から北へ延びる氷見線は、南への城端線とともに他のJR西日本路線との接続がなく、"飛び地"になっている。車両の運用は城端線と共通で金沢総合車両所富山支所高岡派出が担い、人気の「忍者ハットリくん列車」「べるもんた」なども両線を行き来している。

　現在の氷見線高岡〜伏木間は1900（明治33）年に中越鉄道が開業した区間で、1912（大正元）年に氷見まで全通した。1918（大正7）年には途中の能町から分岐して新湊に至る全長3.6kmの支線も

開業したものの、1920（大正9）年に中越鉄道は国有化された。この時点では城端〜高岡〜伏木間が中越線、伏木〜氷見間が氷見軽便線、能町〜新湊間が新湊軽便線を名乗っていた。1922（大正11）年には氷見軽便線が氷見線に、新湊軽便線が新湊線に改称。1942（昭和17）年には中越線高岡〜城端間が城端線と改称され、高岡〜伏木間が氷見線に編入されて現在の姿となった。氷見から能登半島の付け根を横断して七尾線の羽咋（はくい）までの延伸が計画されていたが、実現しなかった。

　なお、氷見線の支線ともいえる新湊線は1951（昭和26）年に旅客営業を廃止。

能町で貨物専用線の新湊線が分岐しているため、高岡〜能町間ではDD200形が牽引する貨物列車も運行されている。
写真／PIXTA

1987（昭和62）年の国鉄分割民営化でJR貨物に承継され、2002（平成14）年には新湊駅を1.7km能町寄りに移設して高岡貨物駅と改称。定期貨物列車の発着こそないものの、JR貨物唯一の単独路線名を持った貨物線として現存している。

「ハットリくん列車」で氷見へ 藤子不二雄Ⓐ氏作品の鑑賞も

　高岡を発車した氷見線の列車は市街地の東端を北上し、高岡古城公園を挟む形で万葉線と並行する。能町〜伏木間で万葉線が東へオーバークロスし、氷見線は富山湾に沿う形で北西に向きを変える。伏木は駅の住所が「伏木古国府」といい、奈良時代の歌人・大伴家持が国司を務めた越中国府が置かれた地にあたる。次の越中国分も、官立寺院の国分寺に由来する。

　雨晴最寄りの雨晴海岸は絶景撮影ポイントとして知られ、群青の富山湾に浮かぶ緑の松が生えた女岩越しに望む白く輝く立山連峰の姿は、2018（平成30）年春の「青春18きっぷ」ポスターも含め、多くのメディアなどで紹介されている。雨晴の地名は源義経が奥州平泉（岩手県平泉町）へ落ち延びる途中、にわか雨が晴れるのを待ったという伝承が由来とされる。終点・氷見は氷見市の代表駅で寒ブリの水揚げ港として知られ、「氷見漁港場外市場 ひみ番屋街」は人気の観光スポットとなっている。「忍者ハットリくん列車」で氷見市潮風ギャラリーを訪ね、「藤子不二雄Ⓐアートコレクション」を鑑賞するファンも多い。

路線DATA

開業年	1900（明治33）年
全通年	1912（大正元）年
起終点	高岡／氷見
営業距離	16.5km
駅数	8駅
電化/非電化	非電化
所属会社	JR西日本

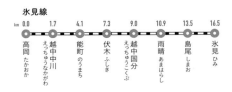

氷見線

km 0.0	1.7	4.1	7.3	9.0	10.9	13.5	16.5
高岡 たかおか	越中中川 えっちゅうなかがわ	能町 のうまち	伏木 ふしき	越中国分 えっちゅうこくぶ	雨晴 あまはらし	島尾 しまお	氷見 ひみ

高山本線

飛騨川を渡る特急「ひだ」。
2023年3月ダイヤ改正で、
すべての「ひだ」がハイブ
リッド車のHC85系に統一
された。焼石〜下呂間
写真／佐々倉 実

中部山岳地帯を貫き、飛騨や下呂温泉を結ぶ"長大ローカル線"

全線が単線の高山本線。白川口〜下油井間にある鷲原信号場で行き違いをするキハ25形（左）とキハ75形（右）普通列車。写真／佐々倉 実

路線DATA

開業年	1920（大正9）年
全通年	1934（昭和9）年
起終点	岐阜／富山
営業距離	225.8km
駅数	45駅
電化/非電化	非電化
所属会社	JR東海、JR西日本

北アルプスの登山客に愛され
名鉄からの直通列車も運行

　岐阜から濃尾平野北部の中部山岳地帯を貫き、日本海を望む富山に至る"長大ローカル線"が高山本線である。全線が非電化単線で、本州の「○○本線」と呼ばれる幹線では唯一、ローカル線を意味する「地方交通線」に分類されている。国鉄分割民営化後は、岐阜県内の猪谷以南がJR東海、猪谷以北の富山県内がJR西日本の管轄となった。

　飛騨高地を縦貫して東海道側と日本海側を結ぶ"飛騨鉄道"構想は明治時代からあり、地元の熱心な運動によって1918（大正7）年に敷設法案が国会を通過、建設が始まった。以後、南北から工事は進み、1920（大正9）年に岐阜〜各務ケ原間が「高山線」として開業、さらに1927（昭和2）年には富山〜越中八尾間が「飛越線」として開業した。岐阜〜富山間が全通し、「高山本線」と改称されたのは1934（昭和9）年のことである。

　高山本線の開業は、これまで山間の過

高山本線は山深い土地を走るので、建設は難儀した。写真は飛越線として開業した坂上〜打保間の手山トンネルと防雪設備。写真／『日本国有鉄道百年写真史』より

疎地だった飛騨地方の暮らしや経済を一変させた。沿線の観光開発も進み、名古屋鉄道から直通列車が運転されたほか、1937（昭和12）年には高山駅前に登山案内所が開設されるなど、北アルプスへの登山ルートとしてもにぎわうようになる。高度経済成長期以降は観光路線化に拍車がかかり、優等列車が次々と登場。1970〜80年代には名鉄からの直通準急「北アルプス」や、夏期のみ富山地方鉄道に乗り入れる列車も運行された。

　一方、北陸本線が近代化される以前は、東海〜北陸地方を結ぶ最短ルートとしての役割も果たしており、1968（昭和43）年に高山本線初の特急として登場した「ひ

だ」も、当初は名古屋〜富山〜金沢間の運行であった。その後、北陸本線は全線で複線電化されたが、高山本線の電化は実現していない。しかし車両性能の向上で、現在では電化路線と遜色ないほどの速度を誇るようになった。

特急にハイブリッド式気動車を投入
普通はJR2社の気動車が支える

　現在、高山本線を走る優等列車は特急「ひだ」のみで、名古屋・大阪〜高山・飛騨古川・富山間で運行されている。車両は2022（令和4）年7月からハイブリッド式気動車のHC85系が投入され、翌23年3月ダイヤ改正で全列車が本形式に統一された。1往復は大阪まで直通し、名古屋を通らずに岐阜から高山本線に乗り入れて

1968年に運転を開始した特急「ひだ」。キハ80系だが、後年は絵入りマークを掲出した。写真／PIXTA

名古屋鉄道では高山本線への乗り入れ用にキハ8000系を用意。キハ80系に似た塗色で運転された。写真／PIXTA

写真／PIXTA

JR西日本の区間となる速星〜富山間では、現在も貨物列車が運転されていて、DD200形が牽引にあたっている。

いる。

その前に使用されていたのは1989（平成元）年に登場したキハ85系で、大出力を武器にキハ80系時代から大幅な時間短縮を実現。「（ワイドビュー）ひだ」の列車名で、観光需要を盛り返した。

なお、名古屋鉄道（1935〈昭和10〉年までは名岐鉄道）からの直通列車は戦前から運転されていたが、2001（平成13）年に廃止され、鵜沼駅構内にあった名鉄新鵜

高山本線

km	0.0	4.2	7.2	10.4	13.2	17.3	22.5	27.3	30.3	34.1	37.9	43.2	53.1	61.7	66.7	75.7	88.3	93.5	96.7	100.8	105.4	108.8	115.9
	岐阜 ぎふ	長森 ながもり	那加 なか	蘇原 そはら	各務ケ原 かがみがはら	鵜沼 うぬま	坂祝 さかほぎ	美濃太田 みのおおた	古井 こび	中川辺 なかがわべ	下麻生 しもあそう	上麻生 かみあそう	白川口 しらかわぐち	下油井 しもゆい	飛驒金山 ひだかなやま	焼石 やけいし	下呂 げろ	禅昌寺 ぜんしょうじ	飛驒萩原 ひだはぎわら	上呂 じょうろ	飛驒宮田 ひだみやだ	飛驒小坂 ひだおさか	渚 なぎさ

JR東海発足後、特急「ひだ」に間もなく投入されたキハ85系。車窓がよく見える大きな窓に加え、大出力機関を搭載して所要時間を短縮したことで、観光客の増加に貢献した。写真／PIXTA

沼駅との連絡線は撤去されている。

　今も一定の需要を持つ特急列車に対し、普通列車は都市近郊を除けば本数も少なく、数時間にわたり運行のない時間帯もある。車両はJR東海の区間ではキハ25形およびキハ75形、JR西日本エリアではキハ120形が充当されている。

　また、速星〜富山間では現在も貨物列車が運転され、DD200形が牽引している。

渓谷美とダム湖が織りなす
"中山七里"の極上の絶景

　飛騨地方の山間部を縫うように走る高

山本線は、路線両端の市街地周辺を除けば、ほぼ全区間で"絶景"が楽しめる希有な路線である。

　JR東海の区間である岐阜〜猪谷間を見ていくと、鵜沼〜美濃太田間の峡谷・日本ライン、上麻生周辺の飛水峡など、沿線に点在する名だたる景勝地は、飛騨木曽川国定公園のエリア内にも含まれている。トロッコ列車などの観光列車が運行されていないことが不思議なほど、車窓には恵まれている。

　最大の見どころは、飛騨金山から下呂

123.2	129.5	136.4	141.0	147.6	151.3	153.6	156.0	161.7	166.6	176.5	180.5	189.2	196.2	200.5	205.0	208.7	213.6	217.9	219.6	222.2	225.8
久々野 くぐの	飛騨一ノ宮 ひだいちのみや	高山 たかやま	上枝 ほずえ	飛騨国府 ひだこくふ	飛騨古川 ひだふるかわ	杉崎 すぎさき	飛騨細江 ひだほそえ	角川 つのがわ	坂上 さかかみ	打保 うつぼ	杉原 すぎはら	猪谷 いのたに	楡原 にれはら	笹津 ささづ	東八尾 ひがしやつお	越中八尾 えっちゅうやつお	千里 ちさと	速星 はやほし	婦中鵜坂 ふちゅううさか	西富山 にしとやま	富山 とやま

高山本線の二大観光地の一つ、下呂温泉街を背に飛騨川を渡るキハ85系。下呂〜禅昌寺間　写真／PIXTA

にかけて続く、中山七里の名で知られる
渓谷である。高山本線は飛騨川や国道41
号と絡み合うようにして北上し、右に左に
渓谷美が展開される。このルートは、かつ
て高山の街を築いた戦国武将・金森長近
によって開削されたと伝わり、その道のり
が約7里（約28km）にも至ることから"中
山七里"の名が付いたという。

　飛騨川はまた、ダムの多い川としても
知られている。そのため車窓から勢いよ
く放流されるダムの光景に出くわすこと
もあり、意外な見どころとなっている。

　なかでも下原ダムは、1938（昭和13）年
に竣工した比較的歴史の古いダムで、中
山七里でも有数の景勝地。このダム湖
をガーダー橋で越えていく高山本線の光
景は、鉄道ファンにはおなじみの撮影ス
ポットとして知られている。

飛騨高地の分水嶺を越え
下呂と高山の二大観光地を結ぶ

　多くの観光地を抱える高山本線を代表
する、沿線の二大観光地といえるのが下
呂温泉と"小京都"高山である。

　岐阜から北へ建設された当時の高山線
が、下呂まで開通したのは1930（昭和5）
年。下呂温泉は"日本三名泉"に数えられる
名湯であったが、たび重なる水害によっ
て水脈が枯渇しており、高山線開通当時
は温泉地として大きく衰退していた。そこ
で、鉄道の開通に合わせて源泉を復活さ
せ、さらに名古屋鉄道の前身・名岐鉄道
が高山線と接続して下呂温泉への直通列
車を運行させたことなどが功を奏し、東
海エリア有数の温泉地へと発展すること
になる。

　その後も高山線は引き続き飛騨川に

JR東海とJR西日本の境界駅となる猪谷に停車するJR西日本のキハ120形。駅はJR西日本の管轄になる。写真／PIXTA

沿って延伸されたが、下呂〜高山間は標高1500m級の山々が行く手をさえぎり、難工事が続いた。1933（昭和8）年の夏に飛驒小坂まで開通し、その3カ月後には富山から南下していた飛越線も、坂上まで開通する。そして最後の飛驒小坂〜高山〜坂上間が1934（昭和9）年10月に延伸開業し、岐阜〜富山間が全通。このときに路線名も高山本線と改められた。

この最後に開通した区間のうち、久々野〜飛驒一ノ宮間において、高山本線は木曽川水系と神通川水系を分ける分水嶺の宮峠を越える。全長2,080mの宮トンネルは、掘削当時に多量の湧水に悩まされ、事故も頻発した建設時最大の難所。南側入り口付近の標高が714mと、高山本線の最高地点となり、トンネルを境に太平洋側から日本海側へと気候区分も変化す

る。冬期はトンネルを抜けた瞬間に、雪景色となることも珍しくない。

そして、これまで木曽川水系の飛驒川に沿って走ってきた高山本線は、宮トンネルを抜けると寄り添う川が日本海に注ぐ神通川水系の宮川に変わる。車窓から見える川の流れが反対となるので、乗客の誰もが気づくことができる、高山本線屈指の見どころである。

短距離ながら起伏に富んだ高山本線のJR西日本エリア

JR西日本エリアの猪谷〜富山間を見ていくと、名古屋・岐阜を起点としたダイヤが組まれているJR東海エリアに対し、JR西日本側では富山が中心であり、運行する車両も異なる。両区間を直通する列車は特急「ひだ」の一部しかなく、実質的に別路線の趣が強い。

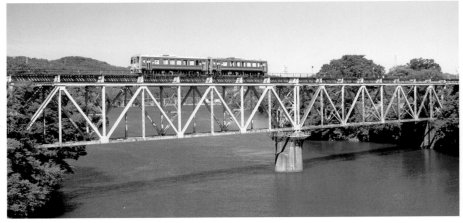

神通川を上路式トラス橋で渡るキハ120形。楡原〜笹津間　写真／PIXTA

　さて、富山を発車した上り普通列車は、富山平野西部を貫くように南下する。富山市では2006（平成18）年から11（平成23）年まで、高山本線活性化の社会実験として越中八尾〜富山間に1日10本の列車を増発した。この実験の一環として設置された婦中鵜坂臨時駅は、実験後も地元住民を中心とする利用客に支えられて存続し、2014（平成26）年に常設化されている。

　次の速星では、駅構内から日産化学富山工場への専用線が延びており、タンク車などの受発送が行われている。現在の高山本線では、富山〜速星間のみ定期貨物列車が運行されている。

　越中八尾は伝統行事「おわら風の盆」で有名な旧八尾町（現・富山市）の玄関駅。「おわら風の盆」は例年20万人以上の観光客を集める北陸地方有数の祭りで、開催日である9月1日〜3日には、定期列車を上回る本数の臨時列車が運行される。普通列車にもかかわらず、乗車整理券まで発行されるほどの混雑ぶりで、まさに高山本線が1年で最もにぎわうイベントとなっている。

　越中八尾から先、高山本線は進路を南東方向へと変え、笹津からは山間部へと入る。岐阜県内では宮川とも呼ばれている神通川に沿って隘路を進むと、やがて猪谷に到着する。ここはJR東海との境界駅であると同時に、富山県内で最南端に位置する駅である。

　猪谷は、かつては第三セクターの神岡鉄道（旧・神岡線）が分岐し、神岡鉱山から輸送される鉱物や濃硫酸などを積んだ貨物列車で活況を見せた。駅には広い構内が今も残り、ホーム正面には神岡鉱業の大きな社宅が残存するなど、往時の面影を残しているが、2006（平成18）年に神岡鉄道が廃止となって以降、駅は無人化され、人影もまばらとなった。

第 3 章

信越本線

高崎〜横川 間

篠ノ井〜長野 間

直江津〜新潟 間

分割路線

しなの鉄道

しなの鉄道線・北しなの線

えちごトキめき鉄道

妙高はねうまライン

VII

JR路線大全

信越本線　高崎〜横川間 篠ノ井〜長野間 直江津〜新潟間

細かく分断された、関東と信越を結ぶ大幹線

かつて高崎から信州、そして新潟へと至る大幹線であった信越本線。1997（平成9）年の北陸（長野）新幹線開業以降、一部区間の廃止と移管が進み、現在は高崎〜横川間、篠ノ井〜長野間、直江津〜新潟間の3区間がJRの路線となっている。

路線DATA

開業年	1885（明治18）年
全通年	1904（明治37）年
起終点	高崎／横川　篠ノ井／長野　直江津／新潟
営業距離	175.3km
駅数	55駅
電化/非電化	電化・直流1500V
所属会社	JR東日本

日本海沿いの直江津へから南へ東へ
東京〜北信・北陸間の主力輸送路に

　信越本線の始まりは、1885（明治18）年に高崎〜横川間に開業した官設鉄道。そもそも明治10年代に政府が立てた東京〜京都間の鉄道建設計画では、東海道ルートより中山道ルートが有力と見られていた。上野〜高崎間には1884（明治17）年までに民間の日本鉄道が開通していたので、高崎より西、横川までは官設で建設されたのである。

　その後、建設資材を運ぶため、日本海に面する直江津から中山道の宿場町・軽井沢までの路線建設にも着手し、1888（明治21）年には軽井沢〜直江津間の直江津線が開業。しかし政府はこのとき、幹線計画を中山道から東海道ルートへ変更し

ており、この路線の役割は本州横断ルートの形成へと変わっていった。

　本州横断のために残された横川〜軽井沢間では、群馬と長野の県境に位置する急峻な碓氷峠を越えなければならず、水平距離11.2kmに対して高低差約550mの上り勾配を克服する必要があった。そこで歯形（ラック）レールと機関車側の歯車（ピニオン）を噛み合わせて急勾配を登坂するアプト式が導入され、1893（明治26）年に碓氷峠区間が開通。高崎〜直江津間が全通し、1895（明治28）年に改めて「信越線」と命名された。

　また、信越線の北方への延長部として、北越鉄道（直江津〜新潟間）が発足し、1897（明治30）年に開業。1904（明治37）年に全通し、1907（明治40）年に国有化された。

　1912（明治45）年には横川〜軽井沢間が電化され、電気機関車による運転が始まった。日本の鉄道で初めての、都市地域以外での電気運転である。1914（大正3）年には線路名称が見直され、高崎〜新潟間の全線が信越本線となった。

　東京と新潟市を結ぶメインルートは、

高崎〜直江津間がJRの在来線だった時代は、特急「あさま」「白山」が多数運転された人気路線だった。愛称名の由来である
浅間山を背にした特急「あさま」。軽井沢〜中軽井沢間 写真／佐々倉 実

大正期には郡山・磐越西線経由、昭和初期からは上越線経由に変わったが、信越本線は東京と信州北部・北陸を結ぶメインルートに定着し、戦後は特急「あさま」「白山」など、さまざまな優等列車でにぎわう重要幹線に発展した。

上越新幹線、北陸新幹線の開業で
長距離輸送の使命を終える

1960年代の信越本線は輸送力増強に追われ、碓氷峠区間をアプト式から粘着式の新線に切り替えたほか、全線の電化が行われた。しかし1982（昭和57）年に上越新幹線が開業すると、首都圏から北陸への鉄道旅客は、新幹線と日本海縦貫線の乗り継ぎ利用も増え、高崎〜長野〜直江津間の需要には陰りが見えはじめた。

1987（昭和62）年の国鉄分割民営化を経て、1997（平成9）年に北陸（長野）新幹線の高崎〜長野間が開業すると、信越本線の並行区間のうち、横川〜軽井沢間はバスに転換。軽井沢〜篠ノ井間はJR東日本から第三セクターのしなの鉄道に移管され、信越本線は中間に空白部を持つ路線となった。

さらに2015（平成27）年には、北陸新幹線が長野から金沢まで延長され、長野〜妙高高原間はしなの鉄道に引き継がれて北しなの線となり、妙高高原〜直江津間は、えちごトキめき鉄道に移管され、妙高はねうまラインとなった。

信越本線

信越本線のうち、直江津～新潟間は日本海沿いの絶景路線として再注目されている。現在、普通列車はE129系で運転される。
青海川～鯨波間
写真／目黒義浩

高崎〜横川間の普通列車は211系で運転されている。優等列車の運転もない。安中〜磯部間　写真／目黒義浩

SLも走る高崎〜横川間
他路線に直通する長野地区

　信越本線は3つの区間に分割され、すべてJR東日本の路線であるが、運行形態はまったく異なる。高崎〜横川間は高崎地区の両毛線や吾妻線などと共通の211系で運行されている。土休日にはD51形498号機またはC61形20号機が牽引する「SLぐんまよこかわ」をはじめ、電気機関車やディーゼル機関車が牽引するイベント列車が運転されることも多い。

　横川〜軽井沢間は鉄道が廃止されたため、ジェイアールバス関東が碓氷線として路線バスを運行する。

　篠ノ井〜長野間のみの列車は少なく、大半はしなの鉄道ないしJR篠ノ井線と直通運転をしている。しなの鉄道の直通列車は同社の車両が使用され、発足時にJRから譲渡された115系と、2020（令和2）年から新製投入されたSR1系で運転されている。

　一方、篠ノ井線に直通する列車は、長野地区の青系色の帯を巻いた211系ないしE127系100番代で運転されている。さらに名古屋から中央本線を走ってきた特急「しなの」の383系もやってくる。ま

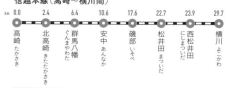

安茂里に停車するしなの鉄道のSR1系。しなの鉄道線の列車は、多くが長野まで直通している。写真／PIXTA

長野駅で出発を待つJR東海の383系特急「しなの」。長野～篠ノ井間は信越本線を走行する。

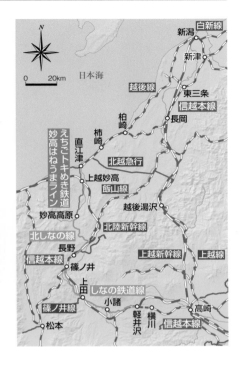

た、しなの鉄道北しなの線の北長野へ輸送する貨物列車が中央本線・篠ノ井線経由で設定されているため、篠ノ井～長野間はコンテナ列車も走行している。

浅間山、妙義山、米山
名山が目白押しの車窓風景

　北陸新幹線の列車愛称にもなった。「浅間山」は長野県と群馬県の県境をなす山のひとつで、標高2,568mの成層火山である。活発な火山活動が続いていることで知られ、山頂部が平たい円すい形の山体からは、常に噴気が上がっている。平時の浅間山は美しい景観で親しまれ、随筆家・深田久弥による「日本百名山」にも選ばれている。

　北陸新幹線の開業以前、浅間山を信越本線の車窓から見るならば、信濃追分～御代田間が最も大きく、美しいとされた。この区間はしなの鉄道に移管されたが、分断路線となった現在の信越本線にも、美しい浅間山を眺められる区間はある。そのひとつが、群馬八幡～安中間で遠望する浅間山であろう。特に碓氷川を渡る安中鉄橋（下碓氷川橋梁）は、浅間山をバックに走る列車を一望に収められる絶景ポイントとしても知られている。

　ほかにも信越本線の車窓には、外観に特徴のある名山が目白押しである。たとえば群馬県の西松井田～横川間では妙義山が、新潟県の米山駅付近では米山が、それぞれに美しい姿で迎えてくれる。

足場が残された、完成した碓氷第三橋梁を行く蒸気機関車時代の旅客列車。大小18の橋梁が手作業で架けられた。
写真／『長野電化完成』より

電化後は10000形電気機関車が牽引した。長編成なので、編成の中間にも機関車が組み込まれている。写真／『日本国有鉄道百年史』より

重連補機の粘着運転で
輸送力を増強した碓氷峠の新線

　信越本線といえば、鉄道愛好家にとって北陸新幹線の開業時に廃止された碓氷峠区間（横川〜軽井沢間）は忘れられない。水平距離11.2kmに対して高低差約550mという険しい地形に敷設された。

　1893（明治26）年に開業した旧線では、線路の中央に歯形のレールを敷き、機関車の車軸の歯車に噛ませる日本初のアプト式鉄道が採用された。横川ないし軽井沢に到着した列車は、機関車を専用機に付け替えて峠を越えた。開業当初は蒸気機関車が、1912（明治45）年の電化後は電気機関車が牽引にあたり、短編成であれば1両で、長編成や重量のある貨物列車では編成の中ほどにも機関車を組み込んで運転されたため、輸送上のボトルネックとなっていた。

　戦後、碓氷峠区間の輸送力増強の方策として、旧線に並行する新線の建設が決定。1963（昭和38）年に複線の新線が完成

EF63形と協調運転ができるEF62形を本務機に、EF63形の重連が前補機に付き、三重連で碓氷峠を下る客車列車。写真／PIXTA

軽井沢、長野などの人気観光地を擁する信越本線。特に大型連休や夏季・冬季の旅客需要は多く、特急の長編成化が望まれた。489系はEF63形との協調運転により、最長12両編成での峠越えを可能にした。写真は489系「あさま」。写真／PIXTA

し、旧線は廃止された。

　新線はレールと車輪の摩擦のみで運転する通常の粘着運転方式であったが、66.7‰の急勾配を走行するため勾配用の補助機関車が採用され、EF63形電気機関車2両が各列車の横川方で推進・牽引を行った。さらに、EF63形との協調運転が可能な装置を搭載した特急用の189系・489系電車と急行用の169系電車を開発。非協調型の電車では8両編成が上限のところ、12両編成まで走行可能とし、旺盛な旅客需要に応えた。その後、34年間にわたり碓氷峠の急勾配での輸送を支えたが、北陸（長野）新幹線の開業により1997（平成9）年9月30日限りで廃止となった。

　旧線区間の碓氷第二〜第六橋梁、碓氷第一〜第十隧道（トンネル）、旧丸山変電所は明治期の貴重な産業遺構であり、「旧碓氷峠鉄道施設」として国の重要文化財に指定されている。また旧横川機関区の跡地は「碓氷峠鉄道文化むら」となり、EF63形などの車両を保存展示するとともに、これらの遺構探訪の拠点となっている。

“日本海縦貫線”の一翼を担う
直江津〜新潟間の列車

　3つに分割された信越本線のうち、直江津〜新潟間は現在も“本線”としての機能を担っている。この区間は、北陸新幹線の開業前から、高崎〜直江津間とは役割が異なり、大阪と青森を結ぶ“日本海縦貫線”の一部分としての役割を担っている。一方で、長岡〜新潟間については上越線の延長線上という役割もあり、上越新幹線の開業前は特急「とき」が長岡から信

信越本線の絶景区間を行く、E653系1100番代の特急「しらゆき」。信越本線の新潟～直江津間を走破し、旧信越本線のえちごトキめき鉄道妙高はねうまラインの新井まで直通する。鯨波～青海川間　写真／牧野和人

越本線に乗り入れて、上野と新潟とを結んでいた。

　かつては大阪～青森間の特急「白鳥」や寝台特急「日本海」が運転されていたほか、特急「雷鳥」の一部が新潟まで乗り入れていたり、金沢～新潟間に「北越」が設定されていたりした。現在の優等列車は新潟～新井間（直江津～新井間はえちごトキめき鉄道妙高はねうまラインに乗り入れ）に特急「しらゆき」が運転されているのみで、上越新幹線の新潟や長岡と、北陸新幹線の上越妙高とを結ぶ新幹線連絡特急の役割を担う。

　普通列車は長岡を境に分割されていて、それぞれに区間列車がある。車両はどちらもE129系で運転されている。また、宮内～長岡間では飯山線、新津～新潟間では磐越西線の気動車が直通してくるほか、直江津～犀潟間では北越急行、直江津～長岡間ではえちごトキめき鉄道の車両が乗り入れている。

　このほかに、京阪神と東北・北海道とを結ぶ貨物列車が多数運転されている。これらの牽引はEF510形が担っている。

信越本線（直江津～新潟間）

km	0.0	2.7	7.1	9.4	11.2	14.0	17.6	23.5	27.4	29.6	32.6	36.3	39.3	42.2	44.8	48.1	50.8	55.8	60.5	63.3	67.4
	直江津 なおえつ	黒井 くろい	犀潟 さいがた	土底浜 どそこはま	潟町 かたまち	上下浜 じょうげはま	柿崎 かきざき	米山 よねやま	笠島 かさしま	青海川 おうみがわ	鯨波 くじらなみ	柏崎 かしわざき	茨目 いばらめ	安田 やすだ	北条 きたじょう	越後広田 えちごひろた	長鳥 ながとり	塚山 つかやま	越後岩塚 えちごいわつか	来迎寺 らいこうじ	前川 まえかわ

青海川駅に入線するE129系の普通列車。ホームが海に面した青海川駅は、近年、絶景の駅として人気が高まり、観光列車「越乃Shu＊Kura」も停車する。写真／PIXTA

文人たちが愛した越後の海景
海に迫る駅からの絶景が人気

信越本線の直江津〜柏崎間は、日本海沿岸に敷かれた複線を行く。大阪〜新潟〜青森間のJR各線の連携を総称して"日本海縦貫線"と通称しているが、信越本線の直江津〜新潟間はこの縦貫線の一部をなしている。

直江津は日本海沿岸航路の港であるとともに、江戸時代以来、佐渡航路のターミナルとしても機能し続けてきた。この海域は文人とのゆかりも深く、俳人・松尾芭蕉は『おくのほそ道』の旅の途上で「荒海や 佐渡によこたふ 天河」という句を残した。北原白秋作詞の童謡「砂山」に描かれるのもまた、越後の海である。

直江津を出発して柿崎を過ぎると、車窓いっぱいに日本海の絶景が広がる。柿崎〜柏崎間では、昼過ぎ頃までは海が順光となるため、晴れた日は鮮やかなマリンブルーが美しい。また、海を間近にする断崖の上に駅がある青海川や鯨波付近では、日本海に沈む夕日と集落の鮮やかなコントラストが見どころとなる。

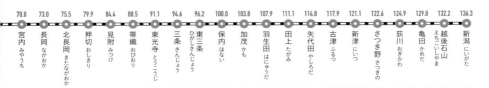

70.0	73.0	75.5	79.9	84.4	88.5	91.1	94.6	96.2	100.0	103.8	107.9	111.1	114.8	117.9	121.1	122.6	124.9	129.8	132.2	136.3
宮内 みやうち	長岡 ながおか	北長岡 きたながおか	押切 おしきり	見附 みつけ	帯織 おびおり	東光寺 とうこうじ	三条 さんじょう	東三条 ひがしさんじょう	保内 ほない	加茂 かも	羽生田 はにゅうだ	田上 たがみ	矢代田 やしろだ	古津 ふるつ	新津 にいつ	さつき野 さつきの	荻川 おぎかわ	亀田 かめだ	越後石山 えちごいしやま	新潟 にいがた

信越本線の
分割路線

しなの鉄道

しなの鉄道は、信越本線の一部並行在来線化に伴い、1997年に軽井沢〜篠ノ井間をしなの鉄道線、2015年に長野〜妙高高原間を北しなの線として移管された路線を運営する。

しなの鉄道線の車窓のハイライト、浅間山。活火山のため、噴煙が見えることもある。御代田〜平原間　写真／目黒義浩

路線DATA

会社名	しなの鉄道
路線名	しなの鉄道線、北しなの線
三セク転換年	しなの鉄道線:1997(平成9)年
	北しなの線:2015(平成27)年
起終点	軽井沢／篠ノ井、長野／妙高高原
営業距離	しなの鉄道線:65.1km
	北しなの線:37.3km
駅数	しなの鉄道線:19駅
	北しなの線:8駅
電化/非電化	電化・直流1500V

移管されなかった篠ノ井〜長野間
しなの鉄道線の列車は直通運行

　しなの鉄道は2年後に冬季長野オリンピック開催を控えた1996(平成8)年、北

陸新幹線高崎〜長野間の開業に伴い長野県が主体となる並行在来線の第三セクターとして設立された。翌97年10月1日、旧信越本線軽井沢〜篠ノ井間65.1kmを同社しなの鉄道線としてJR東日本から移管、開業している。篠ノ井〜長野間については特急「あずさ」「しなの」の運行調整などを理由に、移管がなされなかった。また、碓氷峠の66.7‰区間を含む横川〜軽井沢間は、EF63形電気機関車重連補機による協調運転のコスト問題などもあって承継されず、同日付で廃止された。

　新幹線と接続する軽井沢の旧1番線跡

115系近郊形電車を、水戸岡鋭治氏が手掛けた観光列車「ろくもん」。車内では地域の食材を使った料理を堪能できる。
写真／PIXTA

にはEF63形2号機とアプト式のEC40形1号機（旧・10000号機）が保存されている。中軽井沢は沓掛から改称され、信濃追分にも西軽井沢への駅名変更計画があったという。御代田は1968（昭和43）年までスイッチバック駅で、平原は本州では珍しい車掌車転用の駅舎（待合室）。小諸は小海線と接続する小諸市の代表駅。小諸藩牧野氏1万5000石の城下町で、島崎藤村の『千曲川旅情の歌』につづられた城跡の懐古園などを訪れる観光客も多い。

上田は新幹線と上田電鉄別所線が接続し、真田昌幸・信繁（幸村）父子が本拠とした「日本百名城」の一つ上田城跡の南・西櫓は車窓からよく望める。2014（平成26）年に運行を始めた国鉄型115系改造の観光列車「ろくもん」も、真田氏の家紋「六文銭」にちなむ。戸倉は戸倉上山田温泉の最寄り。屋代は2012（平成24）年まで、長野電鉄屋代線が接続していた。終点・篠ノ井は長野市域の南端にあたり、信越本線（篠ノ井〜長野間）と篠ノ井線に接続

しなの鉄道しなの鉄道線

km	0.0	4.0	7.2	13.2	18.3	22.0	27.9	31.3	34.7	37.1	40.0	44.4	47.9	50.4	54.9	57.1	59.9	61.8	65.1
	軽井沢	中軽井沢	信濃追分	御代田	平原	小諸	滋野	田中	大屋	信濃国分寺	上田	西上田	テクノさかき	坂城	戸倉	千曲	屋代	屋代高校前	篠ノ井

北しなの線の沿線には数々の山容が望めるが、黒姫山は信濃富士とも呼ばれる美しい独立峰だ。
E129系をベースにした自社発注車・SR1系が行く。古間～黒姫間　写真／佐々倉 実

する。

　移管こそなされなかったが、しなの鉄道線の列車は115系と自社発注のSR1系による快速・普通すべてが長野へ直通し、車両は北しなの線にも入線する。SR1系100番代は「ライナー車両」と称され、ロングシートとクロスシートの転換が可能。軽井沢から信越本線を経由して北しなの線の妙高高原まで直通する快速「軽井沢リゾート号」の運用にも就く。200・300番代はセミクロスシートの一般車両。また、JR貨物の貨物列車が平日3往復、坂城～篠ノ井間に乗り入れている。

黒姫山麓の急勾配を登り
新潟県境を越える北しなの線

　北しなの線は2015（平成27）年3月14日の北陸新幹線金沢延伸に伴い、旧信越本線長野～妙高高原間37.3kmがJR東日本から、しなの鉄道に移管、開業した。長野～豊野間には飯山線の旅客列車、長野～北長野間にはJR貨物の貨物列車が乗り入れている。三才は大学や専門学校、高校などが周辺にあり、学生・生徒の乗降が多い。豊野以北は山あいに入り、牟礼、古間と進むにつれて勾配も急になる。黒姫山（標高2,053m）を正面に望む黒姫は1968（昭和43）年に柏原（かしわばら）から改称された。県境に架かる関川橋梁を渡るとまもなく、えちごトキめき鉄道管理駅の終点・妙高高原に至る。

しなの鉄道北しなの線

km	0.0	3.9	6.8	10.8	18.6	25.1	28.9	37.3
	長野 ながの	北長野 きたながの	三才 さんさい	豊野 とよの	牟礼 むれ	古間 ふるま	黒姫 くろひめ	妙高高原 みょうこうこうげん

信越本線の分割路線

えちごトキめき鉄道

えちごトキめき鉄道妙高はねうまラインは北陸新幹線金沢延伸に伴い、2015年に新潟県内の旧信越本線妙高高原〜直江津間を第三セクター化、JR東日本から移管、開業した。

路線名の由来でもある、妙高山の麓を走る妙高はねうまライン。新造車の観光列車「雪月花」の赤色が、緑の中で映える。関山〜二本木間　写真／目黒義浩

路線DATA

会社名	えちごトキめき鉄道
路線名	妙高はねうまライン
三セク転換年	2015（平成27）年
起終点	妙高高原／直江津
営業距離	37.7km
駅数	10駅
電化/非電化	電化・直流1500V

「雪月花」も停まる二本木のスイッチバックはいまも現役

　2015（平成27）年3月14日、北陸新幹線長野〜金沢間の延伸開業に伴い、並行

在来線となる新潟県内の旧信越本線妙高高原〜直江津間37.7kmは、2010（平成22）年設立の新潟県を主体とした第三セクター・えちごトキめき鉄道（以下トキ鉄）に移管。同社の妙高はねうまラインとして開業した。路線名は沿線の「日本百名山」の一つ妙高山（標高2,454m）の中腹に形づくられる春の雪形「跳馬」に由来する。

　1997（平成9）年まで489系特急「白山」などが直通した長野〜妙高高原間は、しなの鉄道北しなの線となって運行系統が

普通列車は、JR東日本から譲渡された元E127系のET127系を使用。車体には妙高山の山並みをイメージしたフレッシュグリーンが塗装される。奥は往年の70系などを模した「懐かしの新潟色」ラッピング車。写真／PIXTA

完全に分断され、直通列車の運行はなくなった。移管以降はトキ鉄のET127系電車が主体となり、妙高高原・二本木・新井〜直江津間のワンマン快速・普通列車として運行されている。

起点の妙高高原は1969（昭和44）年に田口から改称。二本木のスイッチバックはいまも現役で、「えちごトキめきリゾート雪月花」も停車するなど地元・上越市中郷地区の町おこしに一役買っている。新井は妙高市（旧・新井市）の代表駅で、起終点とする列車も多い。上越妙高は新幹線との接続駅。かつては脇野田の駅名だったが、新幹線開業に合わせて移設のうえ、改称された。

高田は上越市の代表駅で、高田藩榊原氏15万石の城下町として栄えた。駅舎本体はシンプルな国鉄風の鉄筋コンクリート造りだが、正面を覆うように伝統建築の「雁木」をイメージしたアーケードが設けられている。春日山は戦国武将・上杉謙信の居城だった春日山城跡が近く、城郭好きの乗降も多い。1971（昭和46）年の合併で上越市となる旧高田・直江津両市街地の中間にあたり、市役所が1976（昭和51）年、春日山駅近くに新築された。直江津はトキ鉄日本海ひすいラインと信越本線の接続駅で、犀潟が終点の北越急行ほくほく線の全列車も乗り入れる。駅前のホテルハイマート調製の駅弁「鱈めし」などは人気が高い。構内には圧縮空気で動くD51形827号機などを保存する「直江津D51レールパーク」も立地する。

えちごトキめき鉄道妙高はねうまライン

km	0.0	6.4	14.7	21.0	23.9	27.3	29.0	31.0	34.9	37.7
	妙高高原 みょうこうこうげん	関山 せきやま	二本木 にほんぎ	新井 あらい	北新井 きたあらい	上越妙高 じょうえつみょうこう	南高田 みなみたかだ	高田 たかだ	春日山 かすがやま	直江津 なおえつ

第4章

信越本線の周辺路線

上越線　高崎～宮内間
両毛線　小山～新前橋間
吾妻線　渋川～大前間
只見線　会津若松～小出間
飯山線　豊野～越後川口間
弥彦線　弥彦～東三条間
越後線　柏崎～新潟間

Ⅶ

JR路線大全

上越線

上越国境の新潟県側は、山が多く雪もたくさん降るため、沿線にはスキー場が多い。晩秋の上越線をE129系が行く。越後中里〜岩原スキー場前間
写真／牧野和人

長大トンネルとループ線で東京・新潟を直結

第一利根川橋梁を渡るC61形20号機牽引の「SLぐんま みなかみ」。下り線はガーダー橋だが、上り線は写真の上路式の三連
プラットトレス橋である。渋川〜敷島間　写真／PIXTA

開業年	1920(大正9)年
全通年	1931(昭和6)年
起終点	高崎／宮内
営業距離	162.6km
駅数	35駅
電化/非電化	電化・直流1500V
所属会社	JR東日本

※上記データは、越後湯沢〜ガーラ湯沢間の支線を除く

東京と新潟を短絡するため
ループ線とトンネルで山岳を克服

　上越線は高崎(群馬県)〜宮内(新潟県)間162.6kmの路線で、全線が複線、直流1500Vで電化されている。そのほか、スキーシーズンのみ上越新幹線から列車が乗り入れる越後湯沢〜ガーラ湯沢間1.8km(単線、交流25000V)も、上越線の支線

とされているが、詳細は120ページからの「上越新幹線」で取り上げる。

　東京〜新潟間のルートは明治期以降、高崎から信越本線の直江津経由で結ばれてきた。しかし、遠回りなことと碓氷峠の急勾配区間がアプト式のため輸送力に限度があり、高崎と長岡方面を直結する路線の必要性が早い時期から認識されていた。ただし、谷川岳(標高1,997m)など急峻な2,000m級の山々が連なる上越国境の三国山脈を貫く鉄道の建設には技術的な障害が多く、なかなか着工には至らなかった。

　それでも1920(大正9)年、宮内〜東小千谷(現・小千谷)間に上越北線が、翌年には新前橋〜渋川間に上越南線が開業。こ

上越線の高崎〜水上間は211系(左)、水上〜長岡間は新潟地区用のE129系(右)で運転されている。水上
写真／PIXTA

れらを皮切りに路線は南北から順次延長され、1928(昭和3)年には、水上〜越後湯沢間を残すのみとなった。三国山脈越えのルートは、谷川岳直下の清水峠に長大な清水トンネル(全長9,702m)を掘削し、群馬県側に第一湯檜曽、新潟県側に松川と二つのループトンネルを掘って、それぞれ約45mの高低差を克服しようというものだった。

戦後いち早く実施された直流電化
特急「とき」や急行を電車で運行

1922(大正11)年に着工された清水トンネルは、1931(昭和6)年9月1日にようやく開通した。10km近い長大トンネルでの蒸気機関車(SL)の運行は不可能なため、水上〜石打間は開通当初から、直流1500Vで電化された。また、清水トンネルは単線だったため、ほぼ中間にあたる地点に列車交換用の複線区間・茂蔵信号場が設置された。

清水トンネルの貫通によって上越線は全線開業し、東京〜新潟間の距離は信越本線経由に比べて約100kmも短縮された。これにより、上野〜新潟間に運行されていた急行列車の所要時間も約11時間から約7時間と、大幅に短縮されている。なお、

全通と同時に高崎〜新前橋間が両毛線との二重戸籍区間とされたが、両毛線の区間が新前橋までに改められた。

1947(昭和22)年には全線が電化され、太平洋側と日本海側を結ぶ大動脈としての役割を果たすことになった。1967(同42)年には新清水トンネル(13,500m)が開通し、全線が複線化された。

これに先立つ1962(昭和37)年には、161系特急形電車で、東海道・山陽筋以外では初の電車特急となる「とき」が上野〜新潟間に運行を始めた。その後「佐渡」などの急行も165系で電車化された。「とき」「佐渡」は1982(昭和57)年の上越新幹線開業まで、上越線を象徴する列車と

第六利根川橋梁を越えるE129系。車窓風景が美しい区間であるが、旅客列車の運転本数が少なく、青春18きっぷの難所としても知られている。水上〜湯檜曽間　写真／牧野和人

して多くの本数が運行された。

　もうひとつ、豪雪地帯を走る上越線を象徴したのが、シーズンに多数運行されたスキー臨時列車で、列車名を変えながら2016（平成28）年まで冬期に運転された。

　なお高崎〜水上間では、主に土休日にD51形498号機またはC61形20号機が牽引する「SLぐんま みなかみ」が運転され、水上駅構内には転車台が設けられている。

群馬の利根川、新潟の魚野川や信濃川とのかかわりも魅力的

　現在の上越線は水上を境に大きく運転

系統を変え、関東平野を走る南側は湘南色を巻く211系で運行されている。水上以北では新潟地区のご当地電車ともいえるE129系が使われている。

　車窓風景のハイライトは、全線にわたって川の印象が強くなる。群馬県内は利根川、新潟県内では谷川連峰や苗場山、越後三山など山々の眺めも美しいが、線路に沿って流れる魚野川や信濃川とのかかわりも魅力的だ。

　利根川と列車のコントラストがもっとも印象的なポイントは、渋川〜敷島間の

上越線

km	0.0	2.8	4.0	7.3	12.1	17.7	21.1	27.5	30.5	36.3	41.4	46.6	53.7	59.1	62.7	69.3	80.1	87.4
	高崎 たかさき	高崎問屋町 たかさきとんやまち	井野 いの	新前橋 しんまえばし	群馬総社 ぐんまそうじゃ	八木原 やぎはら	渋川 しぶかわ	敷島 しきしま	津久田 つくだ	岩本 いわもと	沼田 ぬまた	後閑 ごかん	上牧 かみもく	水上 みなかみ	湯檜曽 ゆびそ	土合 どあい	土樽 つちたる	越後中里 えちごなかざと

第一利根川橋梁だろう。特に上り線は1924(大正13)年竣工の、いかにも頑丈そうな三連プラットトラス(斜めの鋼材を中央部から端部に向けて逆ハの字形に組んだもの)は、「SLぐんま みなかみ」を牽く蒸気機関車にフィットして見える。津久田〜岩本間の第二利根川橋梁も同様のタイプだ。

上流部の水上〜湯檜曽間では第六から第八まで、三つの鉄橋が利根川をまたぐ。車窓から眺めても、沿線から列車を見ても、"渓谷美"という言葉が実感できる風景が続いている。

新清水トンネルを越え、越後湯沢の温泉街を過ぎると、石打に着く。現在は無人化され、もちろんホームでの駅弁の販売もなくなったが、調整元の川岳軒は健在で、駅前の店舗と越後湯沢駅構内での購入は可能だ。清水トンネル開業時は電気機関車と蒸気機関車の付換駅として、全線電化後もEF16形など補機の基地としてにぎわった頃の名残が、広い構内を見るとわずかながらも感じられる。

浦佐から小出のあたりまで、上越線は魚野川に沿って走る。渓谷というには明るく穏やかな流れが続き、里を潤してきた水だったことが感じられる。魚野川はアユ釣りの名所で、特に「友釣りといえば小出」といわれ、シーズンには多くの釣り人の姿も見える。

越後川口付近の河岸段丘から見下ろせる、魚野川と信濃川が合流するあたりの雄大な風景は、日本一の大河・信濃川の大きさを実感させる。

コシヒカリが実る田園風景から紅葉、一面の銀世界まで

「国境の長いトンネルを抜けると雪国であった」

川端康成の名作『雪国』の一節は、上越線の風景を語るとき、必ずといっていいほど引用されるフレーズだ。

実際、上越新幹線の大清水トンネルでのインパクトには及ばないが、冬場に下り列車が新清水トンネルを抜けて新潟県に入ったとたん、群馬県側より明らかに多い積雪が車窓に迫る"激変"ぶりが感じられる。

一方、越後湯沢から先、小千谷付近まで続く魚沼盆地の風景は、季節を問わない絶景ポイントといっていい。六日町あたりから望める越後三山(八海山・越後駒ヶ岳・中ノ岳)は春、なお残雪に覆われた姿を水が張られた田んぼに映す。夏から秋にかけては、黄金色に実った特産の魚沼コシヒカリの稲穂が風に波打っている。晩秋には越後三山が鮮やかな紅葉で彩られる。冬には里から山頂まで、厳しくも凛とした銀世界に輝いている。

91.1	94.2	100.6	104.6	105.6	107.9	111.8	118.4	123.9	127.0	132.2	134.7	138.1	142.8	149.4	156.6	162.6
岩原スキー場前 いわっぱらすきーじょうまえ	越後湯沢 えちごゆざわ	石打 いしうち	大沢 おおさわ	上越国際スキー場前 じょうえつこくさいすきーじょうまえ	塩沢 しおざわ	六日町 むいかまち	五日町 いつかまち	浦佐 うらさ	八色 やいろ	小出 こいで	越後堀之内 えちごほりのうち	北堀之内 きたほりのうち	越後川口 えちごかわぐち	小千谷 おぢや	越後滝谷 えちごたきや	宮内 みやうち

両毛線

特徴的な山肌の岩船山を
背にした211系の普通列
車。かつては砕石が行わ
れていた。岩舟～大平下
間　写真／目黒義浩

栃木・群馬の主要都市を結ぶ"鉄道のシルクロード"

復活したC61形20号機は、両毛線沿線の群馬県伊勢崎市で静態保存されていた。動態復元後、何度か凱旋運転を行っている。背後には上毛三山のひとつ、赤城山が広がる。伊勢崎〜国定間　写真／髙橋誠一

絹織物で栄えた産地を結び
私鉄2社が路線を敷設

　両毛線は東北本線の小山と、上越線の新前橋を結ぶ全長84.4kmの路線である。1884（明治17）年に西側の高崎〜前橋間が私鉄の日本鉄道により最初に開業し、1888（明治21）年には東側の小山〜足利間が、両毛鉄道により開業している。両毛鉄道は、同年に足利〜桐生間、翌年に桐生〜前橋間を開業させ、全通した。

　両毛の線名は、現在の栃木県の古名・下毛野国と、群馬県の上毛野国の両方を結ぶことによる。両毛鉄道は1897（明治

30）年、日本鉄道が買収。さらに1906（明治39）年、日本鉄道が国有化されて小山〜高崎間が官営鉄道の路線となり、1909（明治42）年に両毛線の名称が付けられた。その後、上越南線（現・上越線）の開業により新前橋駅が設置された。長く高崎〜新前橋間は両毛・上越両線の二重戸籍区間だったが、1957（昭和32）年に両毛線の終点を新前橋に変更。現在の形となった。

　両毛鉄道の開通が早かったのは、沿線が当時、日本の主力輸出品である生糸や絹織物の産地だったことによる。佐野、桐生、伊勢崎といった主要駅は"鉄道のシル

クロード"の拠点として、製品の積み出しでにぎわった。しかし、織物業の衰退とともに貨物輸送量は減少し続け、2004（平成16）年には全線で貨物列車の運行が廃止されている。

　両毛線の西寄りを運行する列車はすべて高崎発着で、211系で運行される。また、新宿・上野方面直通の湘南新宿ラインなどの一部には、前橋発着となる列車も設定されているため、E231系・E233系も姿を見せる。両毛線内は通勤・通学時間帯の混雑が激しいものの、複線区間が岩舟〜佐野間（7.3km）、駒形〜前橋間（7.0km）とごくわずかで、増発が難しいことが懸案事項とされている。

　優等列車は、上野・新宿〜前橋間で運転されていた特急「あかぎ」が2023（令和5）年3月から高崎発着に短縮され、乗り入れなくなった。沿線には足利、桐生など古い町並みが残り、周辺に観光地も

点在しているため、臨時の特急や快速が運転されることもある。

瀟洒（しょうしゃ）な洋館風の足利駅。だいぶ建て直されたが、両毛線には味のある木造駅舎がいくつか残る。
写真／高橋誠一

路線DATA

開業年	1884（明治17）年
全通年	1889（明治22）年
起終点	小山/新前橋
営業距離	84.4km
駅数	19駅
電化/非電化	電化・直流1500V
所属会社	JR東日本

両毛線

km 0.0　5.4　10.8　15.2　19.3　26.6　31.1　32.0　38.2　42.7　47.3　52.9　56.9　63.3　69.1　74.9　78.1　81.9　84.4

小山 おやま／思川 おもいがわ／栃木 とちぎ／大平下 おおひらした／岩舟 いわふね／佐野 さの／富田 とみた／あしかがフラワーパーク あしかがふらわーぱーく／足利 あしかが／山前 やままえ／小俣 おまた／桐生 きりゅう／岩宿 いわじゅく／国定 くにさだ／伊勢崎 いせさき／駒形 こまがた／前橋大島 まえばしおおしま／前橋 まえばし／新前橋 しんまえばし

吾妻線

八ッ場ダム建設のため2014年に移転した川原湯温泉駅で、E257系特急「草津・四万」と211系普通列車が行き違いをする。写真／目黒義浩

日本三名泉の一つ、草津温泉へのアクセス路線

2023年3月ダイヤ改正で、吾妻線の特急は651系からE257系2500番代に置き換えられ、列車名も「草津」から「草津・四万」に改称された。吾妻川に架かる名撮影地を、新顔が渡る。祖母島～小野上間　写真／目黒義浩

鉱石輸送のため戦時中に建設
戦後は観光路線として栄える

　名湯「草津」の名は全国に高く知れ渡るが「吾妻線」と聞くと「はて？」と考えあぐねてしまう人もいるかもしれない。草津温泉にアクセスする特急が走るこの路線は、赤城山を望みつつ、伊香保温泉や榛名山にアクセスする「日本のまんなか」がキャッチフレーズの街、群馬県にある上越線の渋川から、草津白根山と浅間山の間に位置する同県嬬恋村の大前までを結ぶ地方交通線である。普通列車は高崎や新前橋から発着する。

　そもそもは太平洋戦争中に資源不足の時局柄、長野・群馬県境の六合村（現・中之条町）にある鉄鉱山からの鉱石輸送の

ために突貫工事で建設され、終戦7カ月前の1945（昭和20）年1月に長野原（現・長野原草津口）まで完成した。当時は長野原線と呼び、その後、1952（昭和27）年に長野原から北側の六合村の太子まで延長。1971（昭和46）年3月に長野原～大前間が開業、吾妻線と改称し、長野原～太子間は廃止された。

　渋川を出た列車は、利根川の支流・吾妻川に沿いさかのぼるように、山々のなかへ分け入る。金島の手前の沿線左手には、榛名山の火砕流に埋没した「甲を着た古墳人」で知られる金井東裏遺跡がある。子持山へ向かう上越新幹線の高架をくぐる辺りの見晴らしは雄大だ。

　吾妻郡の中心地・中之条を過ぎると谷

が狭まってくる。以前はこの峡谷「吾妻峡」沿いに線路が敷かれていた。列車が腹巻をしたような日本一短い全長7.2mの樽沢トンネルが有名であった。八ッ場ダム建設に伴い、もとの川原湯温泉郷はダム湖底に沈み、岩島〜長野原草津口間の線路は付け替えられた。ダム手前の昔の廃線敷は、観光用の自転車型トロッコに使われている。

　長野原草津口は長野原町の中心地。草津白根山麓にある草津温泉行きJRバスの乗換ほか、軽井沢、志賀高原への観光の結節点。

　さらに進むと万座・鹿沢口駅。JRには珍しく「・」の入る駅名だ。かつてここまで万座温泉にアクセスする特急が乗り入れていたが、現在の特急「草津・四万」は長野原草津口までである。この地域においても都内方面からの高速バスの伸長は著しい。

　この駅の南約1km、軽井沢へと向かう鬼押ハイウェーの道すがら鎌原観音堂と嬬恋郷土資料館がある。1783（天明3）年の浅間山大噴火によって埋められてしまった鎌原村の跡、「日本のポンペイ」と呼ばれる災害遺構だ。

　終点の大前は嬬恋村役場の近く。駅のある吾妻川の谷から上がると、浅間山麓の六里ヶ原の雄大な眺めが広がる。さらに信州側の大笹地区に進むと広大なキャベツ畑。嬬恋村はキャベツ生産日本一の村である。

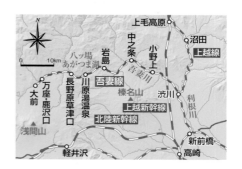

八ッ場ダム建設のため、線路が付け替えられた新線区間に架けられた第二吾妻川橋梁を渡る211系。現在、普通列車はすべて211系である。岩島〜川原湯温泉間　写真／PIXTA

路線DATA

開業年	1945（昭和20）年
全通年	1971（昭和46）年
起終点	渋川／大前
営業距離	55.3km
駅数	18駅
電化/非電化	電化・直流1500V
所属会社	JR東日本

吾妻線

km	0.0	5.5	7.7	11.9	13.7	16.4	19.8	22.9	26.3	28.0	30.5	37.0	42.0	44.2	46.4	49.3	52.2	55.3
	渋川 しぶかわ	金島 かなしま	祖母島 うばしま	小野上 おのがみ	小野上温泉 おのがみおんせん	市城 いちしろ	中之条 なかのじょう	群馬原町 ぐんまはらまち	郷原 ごうばら	矢倉 やぐら	岩島 いわしま	川原湯温泉 かわらゆおんせん	長野原草津口 ながのはらくさつぐち	群馬大津 ぐんまおおつ	羽根尾 はねお	袋倉 ふくろぐら	万座・鹿沢口 まんざかざわぐち	大前 おおまえ

只見線

第一只見川橋梁を渡るキハE120形。只見線に多数ある橋梁のなかで、トラス構造アーチ橋はここのみである。西方〜会津桧原間
写真／牧野和人

水害から復旧した豪雪地帯を走る絶景路線

只見川に沿ってカーブを曲がる普通列車。先頭のキハE120-2は、国鉄の気動車一般色を模したラッピング車。
会津中川〜会津川口間　写真／目黒義浩

路線DATA

開業年	1926（大正15）年
全通年	1971（昭和46）年
起終点	会津若松／小出
営業距離	135.2km
駅数	36駅
電化/非電化	非電化
所属会社	JR東日本

会津川口〜只見間はダム建設専用線
田中角榮の尽力で県境を越え全通

　只見線は、磐越西線の会津若松と上越線の小出を結ぶ、全長135.2kmの非電化地方交通線。沿線は国内屈指の豪雪地帯で、中でも越後山脈を横断する福島・新潟県境の六十里越（只見〜大白川間）付近は、

積雪深が3mを超えることも珍しくない。

　只見線の歴史を簡単にひも解いておこう。会津若松〜会津柳津間は、現在の会津鉄道会津線の西若松〜会津田島間とともに軽便鉄道法による「会津線」として計画され、1928（昭和3）年までに両区間が開通した。会津柳津から只見を経て小出に至る区間は、すでに1922（大正11）年施行の改正鉄道敷設法で予定線に含まれていた。福島県側は1941（昭和16）年、会津柳津〜会津宮下間が開通。新潟県側は「只見線」として、大白川までが1942（昭和17）年に開通した。

　太平洋戦争後、産業復興のための電源

只見川にはダムと水力発電所が多数あり、本名ダムもそのひとつ。復旧した第六只見川橋梁をキハ110系の普通列車が行く。
本名〜会津越川間　写真／PIXTA

開発が目指されるようになると、並行する只見川での水力発電に大きな期待が寄せられた。現在の只見駅に近い田子倉地区に高さ145mの巨大ダムを造り、最大出力38万kWを発電する計画が、国の特殊会社である電源開発株式会社によってまとめられた。只見線は1956（昭和31）年に会津川口まで開通していたが、その先、只見を経て田子倉まで、ダム建設の

ための電源開発株式会社専用線が翌57年に完成した。只見町など沿線からは、冬季の交通確保や開発のために専用線の国有化と、只見〜大白川間の全通を望む声が強かったが、国鉄と運輸省（現・国土交通省）は消極的だった。

　ここで、のちに首相となる新潟県出身の政治家・田中角榮が誘致運動の先頭に立ち、全通に尽力した。田子倉ダム完成後

只見線

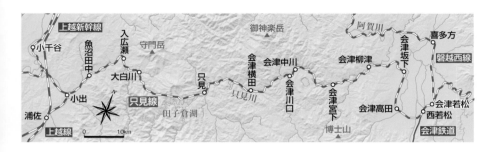

の1963（昭和38）年、専用線を国鉄が買収して、会津川口〜只見間が会津線の延長区間として開業。難工事だった六十里越トンネルを含む只見〜大白川間は1971（昭和46）年に開通。会津若松〜只見間が会津線から分離され、会津若松〜小出間は只見線となった。

　沿線の住民が待ち望んだ全通だったが、この頃には道路整備や除雪体制も進み、輸送密度は路線全体で1日1000人を切っていた。国鉄は赤字ローカル線の廃止を進めていたが、並行する国道252号の六十里越区間が冬季（11〜5月）通行止めとなるため、福島県会津地方と新潟県魚沼地方を結ぶ唯一の交通機関となる只見線は除外され、JRに引き継がれた。

豪雨被害で長期運休
上下分離方式で全線が復旧

　只見線は車窓風景の美しさから、雑誌やテレビ番組などでたびたび特集され、

会津坂下駅で行き違いをするキハE120形の普通列車。
ここから西へ進むと、只見川沿いの峡谷に入っていく。
写真／PIXTA

紅葉や雪見の時季には、蒸気機関車などによる企画臨時列車も運行されてきた。しかし、沿線人口の減少に伴って列車の本数も減り続け、なかでも県境をまたぐ只見〜大白川間の定期列車は現在、1日3往復となっている。田子倉（臨時駅、只見〜大白川間）は2013（平成25）年、柿ノ木（同、大白川〜入広瀬間）は2015（平成27）年に、それぞれ廃止された。

55.1	58.3	60.8	63.6	70.0	73.2	75.4	80.9	83.9	88.4	109.2	115.6	118.7	123.1	127.0	129.3	131.6	135.2
会津水沼 あいづみずぬま	会津中川 あいづなかがわ	会津川口 あいづかわぐち	本名 ほんな	会津越川 あいづこすがわ	会津横田 あいづよこた	会津大塩 あいづおおしお	会津塩沢 あいづしおざわ	会津蒲生 あいづがもう	只見 ただみ	大白川 おおしらかわ	入広瀬 いりひろせ	上条 かみじょう	越後須原 えちごすはら	魚沼田中 うおぬまたなか	越後広瀬 えちごひろせ	藪神 やぶかみ	小出 こいで

会津坂下までは会津盆地の中にあり、遠くに磐梯山が望める。会津高田～根岸間　写真／PIXTA

　また、東日本大震災と同じ2011（平成23）年7月に起こった「新潟・福島豪雨」により路盤や鉄橋が流失し、会津川口～只見間は代行バスによる運行を強いられる。福島県と沿線7市町村でつくる只見線沿線復興推進会議検討会は2016（平成28）年12月、同区間の線路などを自治体側が所有し、JR東日本が列車を運行する「上下分離方式」で、不通区間の鉄道による復旧方針を固め、翌17年6月にJR東日本と福島県は基本合意書を締結。復旧工事が進められ、2022（令和4）年10月1日、全線復旧を果たした。

会津藩の城下町から下り
只見川の絶景へ

　会津若松は磐越西線と只見線が接続するほか、第三セクターの会津鉄道会津線（西若松～会津高原尾瀬口間、旧・会津線）の実質的な起点駅ともなっている。会津若松を出た列車は、会津盆地の南側をほぼ半周して会津坂下へと向かう。次の七日町はレトロ風の駅舎内に「駅Cafe.」があり、会津藩松平氏23万石の城下町の中心街に近い。鶴ヶ城（会津若松城）跡へは西若松が最寄りとなる。西若松で会津鉄道会津線が分岐すると、まもなく車窓には会津盆地の田園風景が広がる。途中の駅は通学時間帯に限り、高校生でにぎわう。

　会津柳津付近から只見川に沿う渓谷に分け入る。会津柳津は、「日本三虚空蔵尊」にも数えられる古刹・圓藏寺の門前町で、駅舎は東北の駅百選にも選ばれている。会津桧原～会津西方間の第一只見川橋梁を皮切りに、水をたたえた只見川

収穫の時期を迎えた稲穂に見送られ、新潟・福島県境の六十里越へ向かうキハE120形。只見〜大白川間　写真／佐々倉 実

に架かる橋梁を渡る列車と、水面に映る雪景色や紅葉が織りなす鉄道写真の撮影ポイントが続き、海外にも紹介された。

　沿線には会津宮下の宮下温泉、早戸の早戸温泉など、駅から徒歩圏内に温泉地が点在する。会津大塩の近くには明治時代に海外へも輸出された、天然の炭酸水が湧き出す井戸がある。会津塩沢には、戊辰戦争で長岡藩の陣頭に立って新政府軍と戦い、この地で亡くなった河井継之助の記念館があるなど、車窓以外にも観光スポットに恵まれている。会津川口〜只見間建設のきっかけとなった田子倉ダムは、只見駅の南西約5kmに位置する。

“秘境”の雰囲気が漂う
県境を越えて新潟県へ

　只見を過ぎ、最後の開通区間となった六十里越にかかると周辺に人家はなく、"人跡まれな秘境"の雰囲気が漂ってくる。六十里越トンネルを抜けると、分水嶺を越え、新潟県側へ。信濃川水系魚沼川の支流・破間川沿いの渓谷に変わる。冬の間は黒々と立つ針葉樹を除き、一面の雪景色。初夏には白い雪渓と、雪解け水の青みを帯びた渓流と新緑とがコントラストをなす。一方、山肌には雪崩や土砂崩れの跡を目にすることもあり、自然の厳しさを感じさせる。

　終点の小出が近づくにつれ、渓谷の風景は、1階部分を車庫や倉庫にした家々の造りが特徴的な、雪国・魚沼盆地の農村風景へと変わっていく。米どころでもあるこのあたりは、飯山線沿線と並ぶ豪雪地帯で、冬季は除雪列車が運転される。

飯山線

千曲川に沿ってくねりながら進む飯山線の観光列車「おいこっと」。豊野から森宮野原までは長野県内で、遠くに信州の山々が望める。横倉〜森宮野原間
写真／目黒義浩

日本有数の豪雪地帯のローカル線

スノーシェッドから抜け出てきたキハ110系の普通列車。飯山線と沿いつつ流れる千曲川は、新潟県に入ると信濃川にその名を変える。越後田中〜津南間　写真／高橋誠一

鉄道敷設法の候補ルートから外れ
地元によって誘致された路線

　明治時代半ばの1892（明治25）年、鉄道敷設法が公布された。そのなかで、上野〜直江津間の鉄道を新潟・新発田と結ぶことが示され、長野県の豊野から千曲川（新潟県側の呼称は信濃川）沿いを下るルートも候補となった。しかし採用されたのは、直江津を起点とするルート（現在の

信越本線）だった。

　その後、飯山地区では鉄道が望まれ、1917（大正6）年に飯山鉄道が設立された。地元での資金調達は難航したが、信越電力（東京電燈を経て現・東京電力の前身のひとつ）が事業に合流し、資本金の半分以上をまかなうことができた。信越電力は信濃川水系で水力発電を計画し、資材の輸送手段を求めていたのである。飯山鉄道は着工にこぎつけ、1921（大正10）年に

路線DATA

開業年	1921（大正10）年
全通年	1929（昭和4）年
起終点	豊野／越後川口
営業距離	96.7km
駅数	31駅
電化/非電化	非電化
所属会社	JR東日本

飯山線

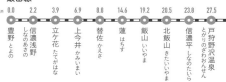

km	0.0	2.2	3.9	6.9	8.8	14.6	19.2	20.5	23.8	27.5
	豊野 とよの	信濃浅野 しなのあさの	立ケ花 たてがはな	上今井 かみいまい	替佐 かえさ	蓮 はす	飯山 いいやま	北飯山 きたいいやま	信濃平 しなのたいら	戸狩野沢温泉 とがりのざわおんせん

豊野〜飯山間が開業した。

　線路はその後、北へ延び、桑名川、西大滝、森宮野原、越後外丸(現・津南)へと部分延伸を繰り返し、1927(昭和2)年11月に越後田沢に到達した。新潟県側では国が路線を建設し、長野県側と同時期に十日町線として、十日町〜越後川口間が開業した。残る越後田沢〜十日町間は飯山鉄道が完成させ、1929(昭和4)年、豊野〜越後川口間の全線が開通した。

　信濃川の電源開発には鉄道省も加わり、資材輸送の列車も増えたが、東京電燈(当時)と鉄道省の工事は1941(昭和16)年に終了、飯山鉄道は転機を迎える。もともと沿線人口が少なく、冬季の雪害も大きかった。"ドル箱"の建設資材輸送を失っては先の見通しが立たず、私鉄による運行に地元では危機感が高まっていく。1944(昭和19)年、信越本線と上越線との連絡線としての期待もあり、飯山鉄道は国有化された。旧十日町線区間を含む、飯山線の誕生である。

　飯山線沿線は日本有数の豪雪地帯で、1945(昭和20)年2月12日、森宮野原駅の積雪が7.85mに達した。現在でも日本の鉄道駅における積雪最高記録である。

　1960年代から80年代にかけては、飯山線に優等列車が運転された。当時の"看板列車"は急行「野沢」で、長野〜長岡間

を結んでいた。冬季は野沢温泉などへのスキー客が多く、急行「ちくま」(大阪〜長野間)が戸狩(現・戸狩野沢温泉)まで延長されたこともある。

　1997(平成9)年には、北越急行ほくほく線が十日町で接続。2015(平成27)年には北陸新幹線が飯山で接続し、飯山線中間部へのアクセスは飛躍的に改善された。豊野寄りの定期列車はすべて、しなの鉄道北しなの線に乗り入れて長野まで直通している。また、観光列車として臨時快速の「越乃Shu*Kura」(十日町〜上越妙高間)や「おいこっと」(長野〜十日町間)が運行されている。

弥彦線

彌彦神社への参詣鉄道として開業した歴史がある弥彦線。矢作駅の手前では、彌彦神社の大鳥居が列車を見守る。吉田〜矢作間
写真／PIXTA

JR3路線を結ぶ短距離の参詣路線

弥彦駅を出発した弥彦線のE129系。春になると、駅のまわりが満開の桜で彩られる。写真／佐々倉 実

参詣鉄道として私鉄が開設
上越新幹線とも接続

弥彦線は17.4kmしかない、短い地方交通線。吉田で越後線、燕三条で上越新幹線、東三条で信越本線に接続する。かつては燕と県都・新潟市の白山前とを結ぶ私鉄の新潟交通にも接続していたが、新潟交通は1999（平成11）年に廃止になっている。沿線人口はそれなりにあるが、モータリゼーションに押され気味でなかなか乗客に恵まれない。

もともとは、私鉄の越後鉄道により、現在の越後線にあたる白山〜柏崎間の鉄道と、越後国一宮・彌彦神社のある弥彦、燕、三条を連絡する目的で建設された。

1927（昭和2）年に国有化され弥彦線となり、さらに「弥彦東線」と呼ばれる東三条〜越後長沢間を開業するが、「東線」は戦時の「不要不急」で休止の憂き目に遭う。戦後復活し、一時は福島県会津地方までの延長運動（現在、「まぼろしの街道」と呼ばれた、只見へ抜ける国道289号八十里越道路が目下建設中だが、これに沿うルート）が行われたが、この「東線」は閑散著しく1985（昭和60）年に廃止。それまでは国鉄の路線として珍しく、両端が行き止まりという珍しい線区であった。

東三条から北西側の越後平野部、弥彦

〜東三条間は、越後線とともに、上越新幹線開業後の1984（昭和59）年に電化される。低コストを求められ、弥彦〜燕三条間の架線が路面電車と同じ直接吊架式となり、速度が全線85km/hに制限されている。

弥彦線の起点は、弥彦駅。佐渡島を望む標高683mの弥彦山の麓にある。駅舎は大正年間に建築された朱塗りの社寺づくり。東三条が起点のように思われがちだが、やはり彌彦神社に向かう列車が敬意を表して「上り」なのであろう。吉田で越後線と交差。交通系IC乗車券・Suicaの使用区間にかんがみても、ここまでが新潟近郊というところだろうか。弥彦線の主要駅でも使用可能だ。吉田は現在では燕市の一部である。

燕は輸出に供される洋食器の街。職人の街として知られ、最近はキャンプ用品、アウトドアグッズで知られるようになった。信濃川の分流・中ノ口川の西岸に昔からの街が開けている。

三条市は信濃川の東側、五十嵐川沿いに開けた、刃物金物の名産地。対照的に商人気質といわれ、燕とのライバル意識が強いといわれる。

中ノ口川と信濃川の、そして二つの市街に挟まれた中洲の真ん中、両市の境界に上越新幹線との乗換駅、燕三条がある（所在地は三条市）。弥彦線ホームが無人駅扱いなのは、新花巻や新岩国に似ている。すぐ隣にある北陸自動車道のインターチェンジ名は三条燕（所在地は燕市）。名称をめぐる両市の鞘当てが話題になるゆえんである。

燕三条から東三条までは高架化されている。地平に降り、東三条駅ホームは信越本線の新潟方に向かって合流する形になり、北側の0番線に到着する。

弥彦駅の駅本屋は、彌彦神社の本殿を模した入母屋造の木造駅舎。朱色に塗られた門柱や梁、鬼瓦には彫り込まれたウサギなど、各部が特徴的な駅舎である。写真／PIXTA

路線DATA

開業年	1916（大正5）年
全通年	1925（大正14）年
起終点	弥彦／東三条
営業距離	17.4km
駅数	8駅
電化/非電化	電化・直流1500V
所属会社	JR東日本

弥彦線

km	0.0	2.3	4.9	8.0	10.3	12.9	15.4	17.4
	弥彦 やひこ	矢作 やはぎ	吉田 よしだ	西燕 にしつばめ	燕 つばめ	燕三条 つばめさんじょう	北三条 きたさんじょう	東三条 ひがしさんじょう

越後線

青々とした水田と弥彦山や
角田山が美しい越後線の
沿線風景。車両はすべて
E129系に統一された。
越後曽根〜越後赤塚間
写真／PIXTA

信越本線から外れた日本海沿いの街を結ぶ

越後線は新潟と郊外とを結ぶ路線としての顔を持つ。新潟を出発した6両編成のE129系が信濃川橋梁を渡る。新潟〜白山間
写真／PIXTA

地元の要望に応えて
柏崎と新潟を海沿いに敷設

　新潟地区の路線をつぶさに見ていると、歴史的経緯もあり、線名や接続方向に妙味がある。越後線もそのような線区のひとつである。

　明治時代、東京からの線路は、まず幹線である信越本線として長野から直江津を回って建設された。現在では上越新幹線や北陸新幹線が主要幹線で、政令指定都市・新潟を目指す方向が「上り」のように思われるが、越後線の柏崎は信越本線を基準にすれば東京方、つまり上り方向にあたる。

　信越本線は柏崎から丘陵部に入り、長岡、三条を抜け、新津から新潟に至るルートを選択した。そのため、新潟までの距離は短いが、日本海沿いの町村には鉄道が通らなくなる。

路線DATA

開業年	1912（大正元）年
全通年	1927（昭和2）年
起終点	柏崎／新潟
営業距離	83.8km
駅数	32駅
電化/非電化	電化・直流1500V
所属会社	JR東日本

越後線

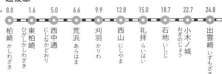

km 0.0	1.6	5.0	6.6	9.9	12.8	15.0	18.7	22.7	24.8
柏崎 かしわざき	東柏崎 ひがしかしわざき	西中通 にしなかどおり	荒浜 あらはま	刈羽 かりわ	西山 にしやま	礼拝 らいはい	石地 いしじ	小木ノ城 おぎのじょう	出雲崎 いずもざき

信越本線から取り残された地域では、民間から鉄道建設の動きが起こった。出雲崎、吉田を経由して新潟に至る越後鉄道が構想され、「越後の鉄道王」と呼ばれ政治家でもあった久須見秀三郎の尽力により、柏崎方と新潟方から建設が開始され、柏崎と新潟市の白山との間が1913（大正2）年に全通した。

1927（昭和2）年の国有化を経て、白山駅と信濃川の対岸にある新潟駅が結ばれるのは1951（昭和26）年のことになる（ちなみに白新線の「白」は白山、「新」は新発田を指す）。以後、終点は新潟となった。

かつては石油、現代は原発でエネルギーを支えた沿線

柏崎を起点にして路線をたどろう。柏崎市は新潟県内で5番目に市制を施行し、県内では第6位の人口を持つ。文人墨客、なかでも俳諧師が幕末に多く立ち寄った地でもあるが、いまでは東京電力柏崎刈羽原子力発電所と有名洋菓子メーカーのある街として有名である。発電所は刈羽駅の西方の海辺にある。柏崎市域に囲まれて、島のように位置する刈羽村の中心だ。

西山駅も今では柏崎市の一部となった。日中国交正常化を実現し、『日本列島改造論』を世に問い、鉄道敷設に邁進した元首相・田中角榮の出身地である。記念館が駅の東北東約1.6kmほど、国道116号

の道の駅近くにある。

このあたりから出雲崎にかけて、かつては油田地帯だった。出雲崎は石油と「良寛さん」の街。日本の石油産業発祥地記念公園と石油記念館が併設されているが、1980年代に石油の採掘は終了している。天領（江戸幕府の直轄地）で北前船の寄港地でもあった。ただし港は駅から一山越える位置にある。

寺泊は、かつて佐渡の赤泊との間にフェリーが運行されていたが、現在は廃止され時折チャーターの高速船が佐渡と結んでいるばかり。むしろ現在は「魚のアメ横」と呼ばれる国道402号沿いの海産物市場のほうが有名だ。ここは現在長

29.4	32.4	36.2	39.0	41.5	45.8	47.8	49.8	51.7	53.8	57.8	62.4	64.9	68.7	70.3	72.3	74.4	76.3	77.7	79.2	80.7	83.8
妙法寺 みょうほうじ	小島谷 おじまや	桐原 きりはら	寺泊 てらどまり	分水 ぶんすい	粟生津 あおうづ	南吉田 みなみよしだ	吉田 よしだ	北吉田 きたよしだ	岩室 いわむろ	巻 まき	越後曽根 えちごそね	越後赤塚 えちごあかつか	内野西が丘 うちのにしがおか	内野 うちの	新潟大学前 にいがただいがくまえ	寺尾 てらお	小針 こばり	青山 あおやま	関屋 せきや	白山 はくさん	新潟 にいがた

トラス橋とガーダー橋からなる長大な橋梁で、大河津分水路を渡る越後線。越後線はJR東日本で最後の115系充当路線となり、引退を前に往年の車体色など、カラフルに塗色変更された。分水〜寺泊間　写真／PIXTA

岡市で、長岡に海のイメージがないだけに面食らう。

　江戸時代の最初の計画から200年をかけ、1922（大正11）年に完成し、信濃川の洪水から越後平野を救うことになった大河津分水路を渡って分水、さらに吉田に至る。柏崎から吉田までは弥彦線と同様、コスト削減のため直接吊架式で電化されている（時期も弥彦線と同時）。

　燕市の吉田辺りから、西側の海岸沿いには南から良寛が庵を結んだ国上山、彌彦神社があり、ロープウェーで登ることのできる弥彦山と角田山と山並みが越後平野から立ち上がっており、その山容が平野各地から望める。

住宅が並ぶ新潟市の近郊区域
白山から信濃川を越えて新潟へ

　岩室から新潟市西蒲区に入る。巻も東

北電力による原発の建設が計画されたが、1996（平成8）年、当時の巻町が日本初の常設型住民投票条例で建設を否決。新しい政治の潮流として注目された。

　田園の広がる越後赤塚からは新潟市西区。内野からは列車本数もさらに増え、名実ともに新潟近郊区間にふさわしい。かつての砂丘は住宅街となり、新潟大学五十嵐キャンパスが広がる。青山付近はショッピングセンターも立地する。

　関谷分水路を渡り、古くからの市街地が位置する「新潟島」に渡って関屋、かつての終点で、県庁や白山公園、県民会館などが集まる古くからの都心・白山を過ぎ、信濃川を渡る。上越新幹線の横に並ぶと次第に線路は高架となり、高架化成った日本海側随一の80万都市の玄関口・新潟駅へと西側から進入する。

第 5 章

上越・北陸新幹線

上越新幹線
大宮〜新潟 間

北陸新幹線
高崎〜金沢 間

VII

JR路線大全

上越新幹線

上越線の線路と交差する
上越新幹線。2023年3月
ダイヤ改正で全列車がE7
系に統一された。275km/
hで一路新潟を目指す。
浦佐～長岡間
写真／牧野和人

日本海側を結んだ初めての新幹線路線

上越新幹線では、豪雪対策としてスプリンクラーを設けて融雪を行う。周辺にリゾートホテルが立ち並ぶ越後湯沢に、E4系が
やってきた。E4系は上越新幹線を最後の活躍の場所として、2021年10月に引退した。写真／PIXTA

世界一だった大清水トンネル
日本最速運転を行ったことも

　上越新幹線は、東海道、山陽、東北に
続く4本目の新幹線として1982（昭和57）
年11月15日に大宮～新潟間が全線開業
した。当初は東北新幹線とともに6月の開
業を予定していたが、中山トンネルの工
事中に大出水が発生したため迂回路を掘
ることになり、5カ月遅れの開業となった。
　特筆すべきは太平洋側と日本海側を結
ぶ初めての新幹線となったこと。両側を
隔てる三国山脈は、全長22,221mの大清
水トンネルで貫かれ、1988（昭和63）年に
青函トンネルが開業するまで世界最長の
トンネルであった。また、高崎～長岡間

は1万m超を含むトンネルが断続してい
るが、上越国境は豪雪地帯のため、前後
する中小規模のトンネルもシェルターで
つながれ、あたかも一つの超長大トンネ
ルのようである。
　開業当時は速達版の「あさひ」と各駅
停車の「とき」が設定され、最高速度は
210km/hであった。1985（昭和60）年3月
に上野まで開業し、上越新幹線は東北新
幹線の路線に乗り入れて上野発着となっ
た。1988（昭和63）年3月に240km/h運転
を開始。1990（平成2）年3月からは、一
部下り列車が上毛高原～浦佐間で275km/
h運転を開始した。長大トンネル内の下り
勾配を利用した運転であるが、1997（平

成9)年に500系が山陽新幹線で300km/h運転を開始するまで、日本最速運転であった。同年12月には越後湯沢〜ガーラ湯沢間が開業(冬期のみ営業)。GALA湯沢スキー場へのアクセス路線として、保線基地への引込線を利用したものだが、線籍上は上越線の支線扱いとなる。

　1991(平成3)年6月に東京まで延伸され、上越新幹線も東京発着となった。

新潟直通列車と区間列車で愛称名を使い分け

　1997(平成9)年10月、高崎で分岐する形で長野新幹線(当時の呼称)が開業し、東京〜長野間に「あさま」が運転を開始した。このダイヤ改正で上越新幹線は「とき」の愛称が廃止され、東京〜新潟間は「あさひ」、東京〜高崎・越後湯沢間の区間列車は新愛称の「たにがわ」に統一された。

　しかし「あさひ」と「あさま」は1文字違いで誤乗が多く、2002(平成14)年12月ダイヤ改正で「あさひ」が「とき」に改称された。なお、1994(平成6)年7月から2021(令和3)年10月までダブルデッカー新幹線が運転されていて、当該列車は愛称に「Max」を冠していた。

　現在の運行系統は、東京〜新潟間の「とき」と、東京〜越後湯沢間の「たにがわ」が運転されている。2023(令和5)年3月ダイヤ改正で車両がE7系に統一され、最高速度は240km/hから275km/hに引き上げられた。

　終点の新潟駅では、駅改良工事により新幹線11番線と在来線5番線の対面乗り換えが可能な構造となり、特急「いなほ」

と中間改札を挟んで乗り換えが可能。秋田方面へのアクセスが向上した。

路線DATA

開業年	1982(昭和57)年
全通年	1982(昭和57)年
起終点	大宮／新潟
営業距離	303.6km
駅数	10駅
電化/非電化	電化・交流25000V
所属会社	JR東日本

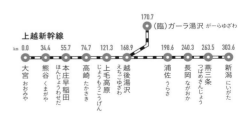

北陸新幹線

糸魚川に近づくと、車窓に
日本海が広がる。新幹線
は全体的に山の車窓が多
く、この眺望は希少である。
上越妙高〜糸魚川間
写真／佐々倉 実

金沢開業で北陸へ。刻々と迫る敦賀延伸

佐久盆地に敷設された高架線を快走するE7系。北陸新幹線は、1997年に長野まで先行開業した。佐久平～上田間
写真／PIXTA

運行会社や電力周波数が
切り替わる奇異な新幹線

　北陸新幹線は、東京と大阪とを北陸経由で結ぶ整備新幹線路線として計画された。1998（平成10）年に冬季オリンピック・パラリンピックが長野で開催されるのを前に、97年10月1日に高崎～長野間が開業。2015（平成27）年3月14日に金沢まで延伸された。

　さまざまな「切り替え」が多いことが特徴で、まず路線は高崎～上越妙高間はJR東日本、上越妙高～金沢間はJR西日本が保有する。乗務員交代は通過列車が多い境界駅ではなく、全列車が停車する長野で行われている。架線の電力周波数は50Hzと60Hzの地域を複数回通過し、軽井沢～佐久平間、上越妙高～糸魚川間、糸魚川～黒部宇奈月温泉間に切り替えがある。

　金沢から先は敦賀まで工事が進み、2023年度末に延伸予定。敦賀以西は、2016（平成28）年に小浜市付近から京都へ至るルートで決定し、翌17年には京都～新大阪間についても、京田辺市付近を通るルートで決定された。

　車両は、1997（平成9）年の開業時に周波数切り替えや急勾配に対応したE2系0

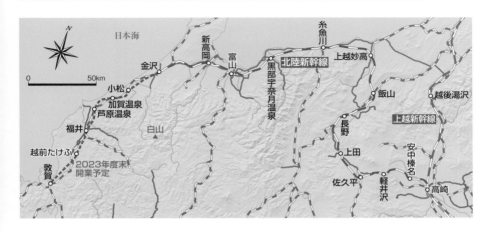

番代8両編成を投入。2015（平成27）年3月の金沢延伸で新型車両のE7系と、JR西日本の同型車W7系を投入することになり、E7系は14年3月から順次投入された。

列車は東京〜金沢間に速達タイプの「かがやき」と通常タイプの「はくたか」があり、区間列車として東京〜長野間に「あさま」、富山〜金沢間に「つるぎ」が設けられている。いずれも在来線特急として沿線になじみのあった愛称である。

信州の山々から日本海へ
大きく変化する車窓も魅力

北陸新幹線は、東京〜大宮間は東北新幹線、大宮〜高崎間は上越新幹線を走行し、高崎の先で分岐する。在来線時代は66.7‰の急勾配があった碓氷峠は30‰のトンネルでパスし、軽井沢へ。浅間山や蓼科山を車窓に望み、長野に到着する。乗務員交代が行われ、飯縄山や妙高山などの山岳風景を望めるが、この区間では飯山〜上越妙高間の飯山トンネル（22,251m）を筆頭に、トンネルが断続する。

上越妙高を過ぎて再び長いトンネルに入るが、ここを抜けると糸魚川。車窓のやや遠目には日本海が広がる。難区間の親不知をパスするトンネルを走っているうちに富山県に入り、黒部宇奈月温泉に到着。富山以西はしばらく高架線を走り、新高岡の先で新倶利伽羅トンネル（6,978m）に入る。かつての難所をあっという間に越え、金沢に到着する。

路線DATA

開業年	1997（平成9）年
全通年	未定
起終点	高崎／金沢※
営業距離	345.5km※
駅数	13駅※
電化/非電化	電化・交流25000V
所属会社	JR東日本、JR西日本

※2023年5月20日時点

北陸新幹線

km	0.0	18.5	41.8	59.4	84.2	117.4	147.3	176.9	213.9	253.1	286.9	305.8	345.5
	高崎 たかさき	安中榛名 あんなかはるな	軽井沢 かるいざわ	佐久平 さくだいら	上田 うえだ	長野 ながの	飯山 いいやま	上越妙高 じょうえつみょうこう	糸魚川 いといがわ	黒部宇奈月温泉 くろべうなづきおんせん	富山 とやま	新高岡 しんたかおか	金沢 かなざわ

上越・北陸新幹線の車両

初のオールダブルデッカー新幹線となったE1系。登場時は写真の独自塗色をまとった。
写真／PIXTA

登場時のE2系は赤い帯をまとい、風をイメージしたロゴマークを貼付していた。N編成は引退まで登場時の外観を保った。

E1系　遠距離通勤に応えた
オールダブルデッカー新幹線

　上越新幹線の開業時は200系が投入されたが、後述のE2系ともどもシリーズⅡ「東北本線」で取り上げているので割愛する。

　次の車両は1994（平成6）年に登場したE1系である。郊外からの通勤需要が増加したことに応えて、新幹線で初めてオールダブルデッカーとなった。12両編成

で、Maxの愛称が付けられ、充当列車には「Maxやまびこ」「Maxあさひ」などと愛称に「Max」が冠せられた。後年は上越新幹線用となり、2012（平成24）年に引退した。

E2系N編成　長野新幹線に対応した
複周波数・高出力編成

　1997（平成9）年10月の長野新幹線（当時）の開業に合わせて新製投入されたE2

2編成併結で1634人の定員数を発揮したE4系。上越新幹線
専用になってから、帯色がピンク色に変更された。写真／PIXTA

系は、200系に代わるJR東日本の標準車として開発された。長野新幹線の複周波数に対応し、急勾配を走るためM車比率の高い高出力編成となった。東北新幹線用はJ編成、長野新幹線用はN編成とされ、前者はミニ新幹線との併結装置を搭載。そのほかはほぼ同じ仕様である。

J編成はのちに10両編成化、帯色の変更が行われたが、N編成は大きな変化がないまま、2015（平成27）年3月の金沢延伸に合わせて引退した。

E4系　分割併合で需要に対応
高速鉄道世界最多の定員数

E1系は新幹線通勤の需要に応えたものの、郊外では輸送力が過剰であった。そこで、1編成を8両とし、分割併合が可能な構造とすることで需要に対応しやすくし

たのがE4系で、1997（平成9）年に登場した。8両編成の座席定員は817人だが、2本を併結した16両編成では1634人となり、高速鉄道で世界最大の定員数となった。「Max」の愛称が付けられ、使用する列車名には「Max」が冠せられた。

登場時のE4系は黄色い帯だった。後部に
ミニ新幹線を併結している。写真／PIXTA

北陸新幹線でデビューし、上越新幹線にも投入されたE7系。
上越・北陸新幹線の標準車となった。写真／PIXTA

まず東北新幹線に投入され、400系・E3系の「つばさ」との併結運転も行われた。上越新幹線には2001（平成13）年から投入。2012（平成24）年以降は上越新幹線用となり、2021（令和3）年に引退した。

E7系・W7系　金沢延伸で登場
上越・北陸新幹線を統一

2015（平成27）年の北陸新幹線金沢開業に向けて、E7系が開発された。ベースはE2系1000番代で、E5系で好評のグランクラスも用意された。前年の2014（平成26）年3月から「あさま」に順次投入され、15年3月で全編成を置き換えた。直通運転をするJR西日本でも同型のW7系を投入。基本的に同一の仕様となっている。

2019（平成31）年3月からは上越新幹線にも投入され、2023（令和5）年3月までにE4系、E2系を置き換えた。これにより、東北・北海道新幹線はE5系、上越・北陸新幹線はE7系が標準車となり、車種の統一がほぼ完了した。

W7系は、前面窓の編成番号や形式名、ロゴの社名が違うほかは、E7系とほぼ同一の仕様である。写真／PIXTA

第 6 章

車両ガイド

特急形電車
681系／683系

近郊形・一般形電車
115系／E127系0番代／E129系／521系／125系

一般形気動車
キハ25形／キハE120形

機関車
EF510形

VII

JR路線大全

681系

JR西日本の485系後継車
在来線最速の160km/h運転を実現

681系3連＋683系リニューアル車6連で運転される特急「サンダーバード」。
屋根板にはステンレスを採用している。写真／PIXTA

「サンダーバード」のほか
「はくたか」にも新製投入

　大阪と金沢・富山を結ぶ特急「雷鳥」で使用する485系の後継として、JR西日本では681系を開発、1992年に先行試作車が落成した。9両貫通編成で車体は鋼製、制御方式はVVVFインバータが採用された。485系「スーパー雷鳥」は湖西線で在来線最速の130km/h運転を行っていたが、681系ではさらに速い160km/h運転ができるように制動性能を強化するなど、対応した設計が施された。

　1995年に量産車が登場したが、6両編成と3両編成の組み合わせに変更され、併結用に貫通型先頭車も登場した。特急「スーパー雷鳥（サンダーバード）」に投入され、1997年3月には特急「サンダーバード」として独立した。

　この97年3月改正では北越急行ほくほく線が開業し、新設された特急「はくたか」にも681系が投入された。高規格路線のため在来線最速の140km/h運転を行

量産化改造された681系の先行試作車。ス
カートのボルトが目立ち、運転席の側窓が三角形
なのが特徴。写真／PIXTA

量産車では編成が分割できるようになり、485系
200番代を彷彿させる貫通型先頭車が用意され
た。写真／PIXTA

専用色をまとう北越急行の681系2000番代は、
「スノーラビット」の愛称が付けられた。北陸新
幹線延伸でJRに譲渡された。写真／PIXTA

「しらさぎ」は683系だったが、2015年の特急
再編で、元「はくたか」編成などの681系に置き
換えられた。写真／PIXTA

い、2002年には160km/hまで引き上げら
れた。また、北越急行でも自社保有車と
して681系を導入。2000番代に分類され、
専用の車体色をまとう。

　北陸新幹線開業に伴う2015年3月ダイ
ヤ改正で北陸系統の特急が再編され、特
急「はくたか」は廃止。北越急行の2000
番代はJR西日本に売却された。現在の
681系は「サンダーバード」「しらさぎ」の
ほか、北陸エリア特急の「ダイナスター」
「能登かがり火」などで使用されている。

681系の「サンダーバード」用編成の一部は、
683系と同様のリニューアル改造が施され、車体
色も変更された。写真／PIXTA

683系　485系の置き換えを進めるため681系をベースに大量増備

3連＋6連で編成を組んだ「サンダーバード」用の0番代。外観は681系とほぼ同じで見分けが難しいが、車体裾の形状が異なる。写真／PIXTA

列車ごとに4種類の番代が登場
2015年の北陸特急再編で大変動

　JR西日本では、特急「雷鳥」の485系の後継として681系を投入したが、こちらは「スーパー雷鳥」を置き換えてスピードアップすることが目的で、485系を本格的に置き換えるため開発されたのが683系である。車体デザインは681系を踏襲するが、素材がアルミニウム合金に変更された。流線形の非貫通型先頭車はクロ683形のみで、ほかは高運転台タイプの貫通型となった。

　まず2001年に「サンダーバード」用0番代、続いて2003年に「しらさぎ」用2000番代が登場。設計最高速度は160km/hだが、130km/hに抑えた仕様で製造された。さらに北越急行が「はくたか」用に、160km/h走行が可能な8000番代を2005年に投入した。2009年には「サンダーバード」用の4000番代が増備されて「雷鳥」の485系を完全に置き換え。列車名も「サンダーバード」に統一された。4000

683系では、流線形の先頭車はクロ683形のみ
となった。681系と比べ、前灯の形状が異なる。

2009年に登場した4000番代は両先頭車とも
高運転台だが、クロ683形4500番代は貫通路
準備工事で扉がふさがれている。写真／PIXTA

「しらさぎ」用の2000番代は、青色とオレンジ
色の2色帯。681系に置き換えられたが、帯色
は踏襲された。写真／PIXTA

北越急行が保有した「はくたか」用の683系80
00番代は160km/h運転対応。車体色は681
系2000番代と同様だった。写真／PIXTA

番代は9両貫通編成で、両先頭車とも高
運転台タイプとなった。

　2015年の北陸特急再編で2000番代は
「しらさぎ」を離脱、直流専用の289系に
改造されて「くろしお」「こうのとり」など
に投入された。また、北越急行の8000番
代はJR西日本に譲渡されて、681系とと
もに「しらさぎ」に投入された。同年9月
には「サンダーバード」編成がリニューア
ル改造され、内外装が変更された。

「サンダーバード」用683系のリニューアル改造
は、4000番代から始まった。前面と側面に太い
青帯が入った。写真／PIXTA

115系

全国の直流電化路線で活躍した
寒冷地・勾配対応の近郊形電車

7連＋4連の11両編成で、高崎線の近郊輸送を担う115系300番代。高崎
線と東北本線上野口では、最長で15両編成が組まれた。写真／PIXTA

増備中にも仕様を改良
旅客需要に対応した番代も登場

　国鉄では1962年に直流近郊形電車の
111系を投入。翌63年に、主電動機を出
力強化型に変更し、勾配路線や寒冷地向
けの仕様とした115系が開発され、高崎
線、東北本線上野口、中央東線に投入さ
れた。まず0番代が製造され、1966年に
は中央東線の狭小トンネルに対応するた
め、パンタグラフ搭載箇所の屋根を下げた
モハ114形800番代も登場した。

　1973年には乗務員室の拡大、ユニット
窓の採用、冷房搭載などの仕様を変更し
た300番代が登場。1977年には耐寒耐雪
構造の強化、シートピッチの拡大をした
1000番代と、1000番代と同じシートピッ
チながら、耐寒耐雪装備を300番代並み
とした2000番代が登場した。ユニークな
ところでは、117系並みの2扉・転換クロ
スシートで、登場時からクリーム1号地
に青20号帯の"瀬戸内色"をまとう3000
番代が、1982年に広島地域に投入された。

0番代（右）は大型の前灯が特徴。300番代（左）はシールドビームになり、乗務員室も前後方向に拡大された。写真／PIXTA

中央東線の115系は通称スカ色をまとった。写真は300番代の晩年で、シングルアーム式パンタグラフを搭載する。写真／PIXTA

117系のように、中央寄りに2扉が設置された3000番代。瀬戸内色で登場したが、「シティライナー」色に変更された。写真／PIXTA

3000番代が登場時に採用した瀬戸内色は、山陽地域の標準色となった。写真の先頭車は113系を115系に編入した2500番代。写真／PIXTA

一方で、1980年代になると2両編成化などの改造車が登場した。

115系は上越線、信越本線、御殿場線、山陽本線広島地区、伯備線、身延線など、各地の直流電化路線に投入された。地方都市が多いため、国鉄末期からさまざまな塗色変更車も登場した。JR東日本、JR東海、JR西日本が承継したが、現存はJR西日本のみ。しなの鉄道では、信越本線を並行在来線化するときにJR東日本から譲渡された車両が活躍している。

中間車の先頭車化改造は国鉄末期から始まり、当初は新製車と同じ前面だったが、JR西日本が2001年に改造した車両は非貫通型となった。写真／PIXTA

E127系 0番代

新潟地区に投入された 直流ローカル電車

6両編成で信越本線の通勤輸送にあたるE127系。車体色は115系の2代目新潟色に準じている。写真／PIXTA

新潟都市圏の通勤輸送に充当
少数派になり南武線に転属予定

1995年に登場したE127系は、新潟地区向けの0番代と長野地区向けの100番代があり、後者はシリーズVI『中央・関西・紀勢本線』で掲載している。

ステンレス製車体・3扉・ロングシート（100番代は変則的なセミクロスシート）という仕様で、1993年に登場した701系を直流用にしたような内容。そのため、当初はセミクロスシートの115系よりも都市圏に投入され、信越本線、白新線、羽越本線などで、最大6両編成で運転された。13編成が製造されたが、1編成は2014年に事故廃車になっている。

2015年の北陸新幹線金沢開業に伴い、10編成が信越本線の一部を承継したえちごトキめき鉄道に譲渡され、ET127系となった。JRには2編成が残存し、越後線・弥彦線で使用されたが、2022年3月に運用を離脱。2023年度中に南武線の支線（尻手～浜川崎間）に転属予定である。

E129系　新潟地区専用の一般形電車
115系を置き換え、新潟の顔に

2両編成を併結した4両編成で上越線を走るE129系。帯色は、往年の70系新潟色を彷彿させる。写真／PIXTA

耐寒耐雪装備を強化した新潟仕様
地域の需要に応えた内装

　E129系は、2014年から新潟地区に投入された一般形電車である。譲渡するE127系0番代の補充と115系の置き換えを目的に投入された。E233系をベースに、仙台地区のE721系の設備や耐寒耐雪装備を盛り込んだような内容である。

　車体はステンレス製で、2両編成と4両編成がある。帯色は秋の稲穂をイメージした「黄金イエロー」と佐渡島に生息するトキをイメージした「朱鷺ピンク」の2色。スカートには一体型のスノープラウが設けられている。

　車内は変則的なセミクロスシートで、2両編成では、乗務員室側半分をロングシート、連結面側半分のドア間4区画をボックスシートとする。4両編成は、2両編成を併結した状態と同じ座席配置となる。信越本線、白新線、羽越本線、越後線、弥彦線、上越線で運転されている。また、しなの鉄道では同型車のSR1系を導入した。

521系

北陸地区向けの交直流近郊形電車
老朽化した国鉄型電車を置き換え

2編成を併結した4両編成で北陸本線を走る0番代3次車。前面のデザインは、227系や323系に踏襲された。写真／PIXTA

北陸本線の地域輸送を支える521系。写真は1次車で、スカートに編成番号が書かれている。写真／PIXTA

七尾線向けの100番代は、輪島塗の漆（うるし）をイメージした赤色の帯を巻く。デザインは3次車に準じる。写真／PIXTA

223系をベースに開発された
電化地方路線向け電車の先駆け

　521系は、北陸本線が敦賀まで直流電化に切り替えられたのに合わせて、2006年に登場した。2両編成で、車体は223系5000番代に準じている。客室は転換クロスシートで、敦賀まで乗り入れる223系と同等の内装レベルとなっている。0番代は1次車が敦賀地区に、2次車が金沢地区に投入された。

　2017年に3次車が登場するが、前頭部を225系に準じた構造に変更して安全性を高め、前面デザインも変更された。このデザインは、後に227系や225系100番代・5100番代などにも採用された。

　2020年には七尾線の置き換え用に100番代を投入。227系や323系で導入された新機構が導入されている。

　また、2015年に北陸本線の一部を承継したあいの風とやま鉄道、IRいしかわ鉄道に一部が譲渡されたほか、両社でも自社発注車を導入している。

125系 223系をベースに開発された 単行運転可能な両運転台電車

加古川線を走る125系。クモハ125形の1形式のみで、番代区分はない。
写真／PIXTA

沿線自治体の要望に応え
小浜線と加古川線の電化で投入

　2003年に小浜線、2004年に加古川線の電化を行うことになり、沿線自治体の要望もあって新造車両を投入することになった。そこで、223系2000番代の車体構造を基本として、単行運転が可能な両運転台電車として125系が開発された。最大5両編成を組むことができる。

　車体はステンレス製、片側2扉だが、中央にも客用扉を増設可能な構造。客室は客用扉付近はロングシート、中央部は1＋2列配置の転換クロスシート（小浜線向けは後に2＋2列配置に改造。3次車は登場時から2＋2列配置）を配し、さらに車いす対応の大型トイレが設置されている。

　2003年に小浜線向けに1次車8両、2004年に加古川線向けに2次車4両、2006年に敦賀地区向けに3次車6両が投入された。敦賀地区では小浜線のほか、接続する舞鶴線や北陸本線でも運転され、最大で4両編成の運用がある。加古川線では103系3550番代とともに運行され、最大3両編成の運用がある。

キハ25形

313系電車にそっくりな気動車
ローカル線の車両サービスを向上

2両編成で高山本線を走るキハ25形0・100番代。313系にそっくりなのに、
架線がない路線を走行するのがおもしろい。写真／PIXTA

名古屋都市圏からローカル線まで
JR東海管内の広域で活躍

　JR東海は非電化路線が多く、国鉄から承継したキハ40系を多数保有していた。しかし老朽化が進んでおり、名古屋都市圏からローカル線まで幅広い線区で運用できる標準形気動車として開発されたのがキハ25形である。

　外観は、JR東海の標準型電車である313系とそっくりだが、内外装ともに電車区間と同等のサービスを提供する。走行用機関はカミンズ社製のディーゼルエンジンで、最高速度は95km/h。すべて片運転台の2両編成で、これまで単行だった路線でも、2両編成で運転されている。

　内装に転換クロスシートを配した1次車の0・100番代は、2011年3月に武豊線でデビュー。2015年3月の武豊線電化後は、高山本線・太多線に転属した。

　2次車はロングシートで、1000・1100番代は2014年12月から高山本線・太多線に投入された。2015年8月には紀勢本線・参宮線にも投入され、名松線に入ることもある。2次車には暖地仕様の1500・1600番代もあり、こちらは紀勢本線などで運行される。

キハE120形

高効率のディーゼルカーで老朽化したキハ58系を置き換え

キハ110系と併結して、磐越西線を走るキハE120形。新潟時代の車体色は、飯豊連峰のブナ林をイメージしたオレンジ色に、荒川渓谷のナナカマド（紅葉）をイメージした赤色の細帯を添えたものだった。写真／PIXTA

只見線に転属し、当地のキハ40形がまとっていた東北地域色に似たカラーに変更された。写真／PIXTA

新潟地区の電化・非電化路線から只見線・磐越西線に転属

　JR東日本では、会社発足後にキハ110系を投入して老朽化した気動車の置き換えを進めたが、さらなる置き換えを進めるため、新潟地区に2008年から投入されたのがキハE120形である。

　車体は2006年に登場したキハE130形に準じたステンレス製だが、キハE130形は3扉車なのに対し、こちらは2扉車である。客室は2＋1列配置の転換クロスシートで、客用扉付近はロングシートである。

　ディーゼルエンジンは環境に配慮した低負荷型を採用し、キハ110系と併結運転ができる。8両が製造され、すべて両運転台車である。

　まず新津運輸区に配備され、主に羽越本線、米坂線、磐越西線などで運行。その後、2020年3月に全車が郡山総合車両センター会津若松派出所に転属し、東北地域色に準じたカラーに変更され、只見線と磐越西線で運行されている。磐越西線は転属の前後を通じて担っていることになる。

EF510形

日本海縦貫線向けの交直流電機 ブルートレイン牽引用も登場

信越本線でコンテナ列車を牽引するEF510形0番代。先行量産機の1号機と、量産車の2〜23号機が投入された。写真／PIXTA

九州向けに2021年に登場した300番代。ステンレス車体のEF81形300番代をイメージして銀色となった。写真／PIXTA

寝台特急用にJR東日本が新製した500番代。「カシオペア」用の509・510号機以外はブルートレイン客車に合わせた青色だった。

JR貨物に売却された500番代。金色の帯は残るが、車体側面の流星マークを消して貨物運用に従事する。写真／PIXTA

EF210形をベースに開発された 交直流電気機関車の標準機関車

EF510形は、日本海縦貫線で貨物列車を牽引するEF81形の後継として、JR貨物が2001年に投入した交直流電気機関車である。EF210形の交直流バージョンで、直流／交流50Hz／交流60Hzの三電源に対応する。赤い車体色をまとい、「ECO-POWER レッドサンダー」の愛称がある。

2009年には、JR東日本が寝台特急「北斗星」「カシオペア」用として500番代15

両を新製投入。それぞれ客車に合わせた車体色をまとい、EF81形から交代した。しかし、寝台特急の廃止に加え、JR貨物からの牽引受託が廃止されて機関車に余剰が発生し、2015〜16年度に全15両がJR貨物に売却された。JR貨物では車体のロゴマークや装飾を消し、0番代とともに日本海縦貫線に充当している。

2021年には、九州地区のEF81形やED76形の置き換え用に、300番代の先行車が登場。2023年から量産車が投入される予定である。

参 考 文 献

日本国有鉄道百年史〈各巻〉(日本国有鉄道編／日本国有鉄道)、日本国有鉄道百年写真史(日本国有鉄道)、日本鉄道史〈各巻〉(鉄道省編／鉄道省)。鉄道要覧(国土交通省鉄道局／電気車研究会・鉄道図書刊行会)、日本国有鉄道停車場一覧(日本国有鉄道旅客局編／JTB)、停車場変遷大事典 国鉄・JR編(JTB)、国鉄・JR列車名大事典(寺本光照／中央書院)、列車名変遷大事典(三宅俊彦／ネコ・パブリッシング)、日本鉄道史年表(国鉄・JR)(三宅俊彦／グランプリ出版)、日本鉄道名所〈各巻〉(宮脇俊三・原田勝正編／小学館)、全線全駅 鉄道の旅〈各巻〉(宮脇俊三・原田勝正編／小学館)、鉄道ファン 各号(交友社)、鉄道ジャーナル 各号(鉄道ジャーナル社)、鉄道ピクトリアル 各号(電気車研究会)、ジェイ・トレイン各号(イカロス出版)、新幹線EX各号(イカロス出版)、交通新聞 各号(交通新聞社)、週刊歴史でめぐる鉄道全路線〈各号〉(朝日新聞出版)、週刊JR全駅・全車両基地〈各号〉(朝日新聞出版)、日本鉄道旅行地図帳〈各号〉(新潮社)、JR全車輌ハンドブック〈各号〉(ネコ・パブリッシング)、JR電車編成表〈各号〉(交通新聞社)、JR気動車客車編成表〈各号〉(交通新聞社)、図説 国鉄全史(学習研究社)、図説 日本の鉄道〈各巻〉(川島令三編著／講談社)

STAFF

編　　　　集　／　林 要介(「旅と鉄道」編集部)
執　　　　筆　／　池 亨、杉浦 誠、高橋 徹、武田元秀、藤原 浩
校　　　　閲　／　木村嘉男、武田元秀
デ ザ イ ン　／　安部孝司
地　　　　図　／　ジェオ(小倉幸夫)
写 真 協 力　／　佐々倉 実、牧野和人、目黒義浩、岸本 亨、高橋誠一、高橋 徹、PIXTA、Photo Library

※ 本書は2016〜17年に小学館から刊行された『鉄道ペディア』から「鉄道全路線」の項目を中心に再編・加筆し、新規原稿を加えたものです。
※ 本書の内容は2023年5月20日現在のものです。
※ 本書の内容等について、JRグループ各社および関連会社等へのお問い合わせはご遠慮ください。

JR路線大全 VII

北陸・信越本線

2023年6月30日　初版第1刷発行

編　　　　者　　「旅と鉄道」編集部
発　行　人　　勝峰富雄
発　　　　行　　株式会社天夢人　〒101-0051　東京都千代田区神田神保町1-105　https://www.temjin-g.co.jp/
発　　　　売　　株式会社山と溪谷社　〒101-0051　東京都千代田区神田神保町1-105
印刷・製本　　大日本印刷株式会社
内容に関するお問合せ先　　　　「旅と鉄道」編集部　info@temjin-g.co.jp　電話03-6837-4680
乱丁・落丁に関するお問合せ先　　山と溪谷社カスタマーセンター　service@yamakei.co.jp
書店・取次様からのご注文先　　　山と溪谷社受注センター　電話048-458-3455　FAX048-421-0513
書店・取次様からのご注文以外のお問合せ先　　eigyo@yamakei.co.jp

JR路線大全　全10巻 シリーズラインナップ
シリーズ完成。好評発売中

I 函館本線・北海道各線
【掲載路線】
函館本線・留萌本線・釧網本線・千歳線・石北本線・根室本線・札沼線・富良野線・室蘭本線・宗谷本線・日高本線・石勝線・北海道新幹線
【車両ガイド掲載形式】
781系・785系・789系・711系・721系・731系・733系・735系・キハ183系・キハ281系・キハ283系・キハ261系・キハ40系・キハ54形・キハ150形・キハ141系・キハ201系・H100形

II 東北本線
【掲載予定路線】
東北本線・日光線・烏山線・磐越東線・仙石線・仙石東北ライン・仙山線・石巻線・気仙沼線・大船渡線・釜石線・山田線・八戸線・大湊線・東北新幹線
【車両ガイド掲載予定形式】
E231系近郊タイプ・EV-E300系・701系・E721系・キハ110系・HB-E210系・EF65形・ED75形

III 羽越・奥羽本線
【掲載予定路線】
羽越本線・奥羽本線・津軽線・左沢線・男鹿線・五能線・花輪線・田沢湖線・北上線・陸羽東線・陸羽西線・米坂線・磐越西線・白新線・山形新幹線・秋田新幹線
【車両ガイド掲載予定形式】
719系・E751系・EV-E801系・キハ58系・E653系・HB-E300系・GV-E400系

IV 山手線・首都圏各線
【掲載路線】
山手線・京浜東北線・埼京線・川越線・八高線・高崎線・武蔵野線・常磐線・水戸線・水郡線・総武本線・外房線・内房線・久留里線・京葉線・南武線・鶴見線・横浜線・根岸線・相模線・成田線・鹿島線・東金線
【車両ガイド掲載形式】
205系・209系・E231系通勤タイプ・E235系・E501系・E531系・キハE130系・253系・255系・E257系・E259系・651系・E657系

V 東海道本線
【掲載路線】
東海道本線・横須賀線・伊東線・相鉄・JR直通線・御殿場線・身延線・飯田線・武豊線・草津線・奈良線・東海道新幹線
【車両ガイド掲載形式】
113系・117系・213系5000番代・215系・E217系・E233系近郊タイプ・311系・313系・221系・225系・103系・207系・321系・251系・185系・371系・373系・EF66形・EF210形

VI 中央・関西・紀勢本線
【掲載路線】
中央本線・青梅線・五日市線・小海線・篠ノ井線・大糸線・太多線・関西本線・紀勢本線・参宮線・名松線
【車両ガイド掲載形式】
201系・E233系通勤タイプ・E127系・211系・キハ20系・キハ35系・キハ11形・キハ75形・キハE200形・E351系・E353系・383系・283系・キハ80系・キハ85系・EF64形・EH200形

VII 北陸・信越本線
【掲載予定路線】
北陸本線・七尾線・小浜線・湖西線・越美北線・城端線・氷見線・高山本線・信越本線・飯山線・越後線・弥彦線・上越線・両毛線・吾妻線・只見線・上越新幹線・北陸新幹線
【車両ガイド掲載予定形式】
115系・E129系・125系・521系・キハ25形・681系・683系・EF510形

VIII 近畿圏・山陰本線
【掲載路線】
大阪環状線・桜島線・片町線・福知山線・阪和線・関西空港線・和歌山線・桜井線・おおさか東線・JR東西線・山陰本線・舞鶴線・加古川線・播但線・伯備線・木次線・境線・美祢線・因美線・山口線
【車両ガイド掲載形式】
223系・323系・キハ120形・キハ126系・381系・281系・285系・287系・289系・キハ181系・キハ187系・キハ189系・DD51形

IX 山陽本線・四国各線
【掲載路線】
山陽本線・呉線・芸備線・赤穂線・津山線・吉備線・岩徳線・宇部線・小野田線・宇野線・姫新線・可部線・福塩線・本四備讃線・予讃線・土讃線・牟岐線・徳島線・高徳線・予土線・内子線・鳴門線・山陽新幹線
【車両ガイド掲載形式】
105系・213系0番代・227系・123形・キハ127系・5000系・6000系・7000系・7200系・キハ32形・1000形・1200形・1500形・8000系・8600系・8700系・キハ185系・2000系・2600系・2700系

X 鹿児島・日豊・長崎本線
【掲載路線】
鹿児島本線・筑豊本線・香椎線・篠栗線・筑肥線・久大本線・豊肥本線・三角線・肥薩線・指宿枕崎線・日豊本線・日田彦山線・後藤寺線・宮崎空港線・吉都線・日南線・長崎本線・唐津線・佐世保線・大村線・九州新幹線・博多南線
【車両ガイド掲載形式】
415系・811系・813系・815系・817系・821系・BEC819系・303系・305系・713系・キハ125形・キハ66系・キハ200系・YC1系・783系・787系・883系・885系・キハ71系・キハ72系